La terre est le plus bel endroit du ciel

L'avis de nos lectrices

« Surprenant en tous points : de l'architecture à l'intrigue en passant par les protagonistes ! Mêlez magie, spiritualité, ancrage dans le réel, maladie, amour des félins et des personnages singuliers et attachants, et vous pourrez toucher du doigt tout ce qui fait l'originalité de ce livre. L'autrice écrit fort bien et nous emmène dans son univers, entre Ciel et Terre, entre visible et invisible. Cette dichotomie se retrouve également dans les divers registres d'écritures qui fluctuent au gré des changements de narrateurs qui se succèdent à l'intérieur des chapitres. Françoise Dorn nous offre ici un aller simple pour un voyage au cœur de l'imprévisible… mais toujours teinté de sérénité, de calme et de douceur. À lire sans plus attendre ! »

Soline Bourdeverre-Veyssiere, blog *S'éveiller et s'épanouir de manière raisonnée* et auteure de *J'ai confiance en toi* paru aux Éditions Jouvence

« Il y a des romans qui viennent nous chatouiller, nous réveiller et nous faire découvrir de nouvelles sensations… La Terre est le plus bel endroit du Ciel *va encore plus loin, il vient toucher notre âme et la faire danser au gré des pages. Il embarque notre cœur sur le navire du divin qui nous relie au Tout. J'ai été profondément touchée par le personnage principal qui nous invite à voyager avec elle dans un espace hors du temps, sacré et teinté de toutes les mosaïques colorées du monde visible et invisible. Telle une magicienne, l'auteure nous convie à la fête du Vivant et nous reconnecte à la magie de la Vie. »*

Chloé, blog *Les petits bonheurs partagés*

« Françoise Dorn ou l'art de nourrir notre âme avec la beauté de l'écriture. Entre mystères et trésors, ce nouveau roman bouscule pour notre plus grand bien. Il aborde avec élégance les notions les plus précieuses du développement personnel comme la responsabilité et la simplicité de l'amour de soi, des autres. Entre questionnements, exercices pour vous sublimer intérieurement, guide vers votre Ikigai, ce livre ne peut que vous apporter plus de richesse intérieure pour croquer la Vie à pleines dents. »

Carole Rinaldi, *La Télé bienveillante*

« Quel bonheur de retrouver le bel univers de Françoise Dorn, fait d'espoir et de renaissance sur fond d'une immense bienveillance. Quelle belle façon de dédramatiser les épreuves passées ou présentes pour les surmonter, et toujours ces belles citations qui nous font joliment réfléchir au sens des choses. Je mesure combien Françoise a elle aussi ressenti la sérénité qui habite le village de Morlanne, si propice aux reconstructions. J'imagine désormais Clara, Virgil et Bertille derrière les portails et volets de la Carrère... Merci pour ce joli cadeau. »

Joëlle Schallier, restaurant *Le Lutrin Gourmand*
(a inspiré le personnage de Claude)

« C'est une gourmandise de s'installer confortablement pour se lover dans l'univers de Françoise. Sans résister. »

Véronique Ducher,
Librairie Lacoste à Mont de Marsan

Françoise **Dorn**

La terre est le plus bel endroit du ciel

Roman

jouvence EDITIONS

D'autres romans aux Éditions Jouvence :

La Lettre à Lila, Vincent Cueff
La Disciple, Vincent Cueff
Celle qui écrivait des poèmes au sommet des montagnes,
Nicolas Fougerousse
Sept jours pour vivre, Valérie Capelle
Le jour où j'ai ouvert les yeux, Anand Dilvar
Ne marche pas si tu peux danser, Dr Anne van Stappen

Catalogue gratuit sur simple demande

Éditions Jouvence
France : BP 90107 – 74161 Saint-Julien-en-Genevois Cedex
Suisse : Route de Florissant, 97 – 1206 Genève
Site Internet : www.editions-jouvence.com
Mail : info@editions-jouvence.com

ISBN : 978-2-88953-048-9

Couverture : Virginie Cauchy
Mise en pages : iørem ipsum

« Un livre, c'est un arbre qui cherche comment dire à toute la forêt qu'il y a une vie… après la vie. »

Gilles VIGNAULT

ACTE I : LE CRABE ROSE

« Tout ce qui vous arrive,
vous arrive comme un défi et une opportunité. »
Svâni Prajnânpad

Quelque part en Alaska…

Cela fait des heures que je marche dans le blizzard. Je m'accroche à mon souffle pour ne pas me perdre… Cette nuit, des ours affamés ont éventré mes chiens pour les dévorer. J'ai réussi à les chasser en tirant… en l'air. Pas sur eux, je suis là pour les protéger ! Ils sont presque morts de faim dans ce coin du monde où le réchauffement climatique fait fondre la banquise et les empêche de chasser les phoques. Ils remontent les rivières pour trouver du saumon, mais les exploitations minières ont empoisonné l'eau. Plus un seul poisson à se mettre sous la dent, seulement mes chiens…

Mes pas deviennent hésitants, je sens mes forces s'éteindre et mon cerveau délirer. Je suis déjà tombé deux fois. Je sais qu'à la prochaine chute, je glisserai dans un sommeil sans retour. Une masse sombre déchire le rideau de neige devant mes cils gelés. J'aperçois l'abri d'un rocher trapu… celui de mon campement détruit. J'ai tourné en rond et suis revenu à mon point de départ.

J'ouvre l'armure, rends les armes et entre dans une bienfaisante lumière blanche où je m'abandonne…

Unité

« Écrire, c'est dessiner une porte sur un mur infranchissable, et puis l'ouvrir. »
Christian Bobin

Clara

Le rêve s'attarde derrière mes paupières closes... Des images puissantes de tourbillons de feu, d'eau déferlante, de glace, de tempête. Des perceptions de finitude et de renaissance. Puis, comme une dernière note, un silence de premier matin du monde...

Un rayon de soleil impertinent vient chatouiller ma narine. Je m'étire pour me ramener sur la rive du présent, raviver les sensations de mon corps, chasser cette fatigue devenue trop familière. Dans les dernières vapeurs du songe, je me prépare à mon précieux rituel matinal, celui du premier regard du jour. Celui que je vais poser sur le *Paradis de Mona*, cet immense tableau foisonnant peint par ma grand-mère, installé face à mon lit pour plonger dès le réveil dans ses couleurs éblouissantes, ses minuscules personnages, animaux, végétaux, sensuellement entrelacés. J'aime dormir la fenêtre ouverte pour accueillir le chant des étoiles, les humeurs vagabondes de la météo et les précoces rayons de soleil qui viennent éclairer, au gré des saisons, un endroit différent de la toile. Avec gourmandise, j'ouvre un œil pour recevoir le bonjour de Mona. Le franc soleil de juin réveille une licorne blanche qui semble flotter dans un nuage d'abeilles travailleuses. Danse de l'imaginaire et du réel que l'alarme de mon téléphone interrompt. Je rejoins la cuisine pour me préparer un thé bien fort, croquer mes deux toasts au miel en caressant la douce fourrure ronronnante de mon chat. Indispensable et doux moment intime de recentrage…

Puis, dans le miroir de la salle de bains, c'est mon reflet que je tente d'apprivoiser. Au-delà de cette chair endormie dans le dernier versant de la quarantaine et la transformation silencieuse du temps, je recherche l'enfant joyeuse et innocente ; attentive à trouver le désir de vivre cette journée si particulière qui m'attend…

Ramsès 3

Zoom sur une petite rue tranquille du 14e arrondissement de Paris… Un immeuble banal, un interphone vieillot où s'est posé un nom ailé : « Loiseau ». Si vous sonnez, une chaude voix féminine vous indique : « *Le Vivoir est au deuxième étage !* » Une entrée rouge, un fauteuil en osier fatigué et sur la table basse, cette curieuse carte de visite :

CLARA LOISEAU
BONHEURO'THÉRAPEUTE

Bonheuro'thérapeute ? Mais qu'est-ce que cela veut dire, vous demandez-vous peut-être vaguement intrigué, amusé, ou bien irrité ? Vous donnez votre langue au chat ?

Ça tombe bien, le chat c'est moi ! Je me présente, Ramsès 3, pour vous servir. Vous servir de la douceur, de la tendresse, des ronrons à vous faire péter les tympans, des pattes de velours pour le meilleur des massages gratos, celui qui vous fait retrouver vite fait le chemin du cœur. Je vous emmène visiter mon domaine : trois pièces confortables qui donnent sur une cour entre ombre et lumière. L'ombre est assurée par mon pote le tilleul où j'aime aller faire une petite sieste quand ça bouge trop dans le Vivoir. Le Vivoir, c'est comme cela que ma Déesse appelle la grande pièce où elle reçoit ses cabossés de la vie. Il y a des coussins partout, des lumières douces, des bougies, des fleurs, et souvent une musique pour adoucir les mœurs. Car il n'y a pas que des gentils qui viennent se poser les miches sur ces coussins !

Je vous imagine en train de froncer les sourcils, mon vocabulaire vous choque ? Faut dire que je viens d'une cité pourrie où ma Reine m'a trouvé dans un sale état, dans une poubelle, là où des vilains m'avaient jeté après avoir exercé leurs talents d'apprentis chirurgiens, à grands coups de cutter sur mes bijoux de famille ! J'en ai gardé une raideur dans la patte arrière qui donne à ma démarche un charme certain et l'envie irrésistible de me câliner. Vous allez voir que je suis un thérapeute au poil et que j'ai plus d'un tour sous la patte !

On continue la visite ? Au fond du Vivoir, deux portes. L'une ouvre sur le bureau de ma Douce. Un fauteuil moelleux où sont posés un châle et un livre ouvert. Les mots de papier sont partout ici : dans la bibliothèque surchargée, par terre, sur le bureau, même sur l'ordinateur allumé où ils scintillent tard dans la nuit.

P't-être bien que ma Princesse a besoin de ce rempart pour canaliser les mots qui jaillissent dans le Vivoir toute la journée ?

L'autre porte, c'est sa chambre où elle reste dormir la semaine. Car le week-end, elle s'en va rejoindre l'Homme des bois. Celui qui hait la ville, le bruit, la pollution, les chats, moi en particulier. C'est un jaloux, un aigri, un petit radin des sentiments. Moi, je garde le Royaume avec Lulu, mon amie la concierge, qui vient rafraîchir ma gamelle et recevoir sa dose de câlins. Grand seigneur, je suis ! L'Amour, je le donne sans compter…

Par là, retour dans la salle d'attente pour les clients de ma Dame, la salle de bains avec ma caisse pour les commodités et la cuisine pour mes croquettes.

C'est que vous êtes sacrément curieux, vous voulez tout voir, tout savoir ! Remarquez, ça tombe bien, on a justement envie de vous raconter. Lucie qui vient de s'installer dans le fauteuil de l'entrée va vous narrer la suite…

Lucie

Ce chat, quelle merveille, une vraie station météo à lui tout seul ! Il semble deviner mes angoisses, mes doutes, mes blessures. Il vient alors se poser sur mes genoux et c'est comme si une cocon de douceur se tissait autour de mon corps. Lorsqu'il me regarde de ses étranges yeux jaunes asymétriques, j'ai l'impression qu'il va me parler !

Si j'arrive plongée dans mes secrets les plus intimes, affichant sur mon visage mon besoin de solitude, Ramsès s'éloigne, sa drôle de queue cassée dressée en point d'interrogation, et va prendre ses quartiers de sieste dans le bureau.

Aujourd'hui, comme je vais plutôt bien, il m'apporte pour jouer sa souris en tissu, fait semblant de me la donner avant de la reprendre d'un coup de patte éclair accompagné d'un miaulement moqueur. Mon rire fait danser les rayons de soleil de la pièce et je repense au chemin parcouru en quelques mois.

C'est déprimée, à bout de souffle, vide d'énergie, que je suis venue m'échouer sur les coussins du Vivoir. Je revois ma première rencontre avec Clara et retrouve cette impression d'avoir trouvé un abri bienveillant, une écoute respectueuse, presque une amie… Ce jour-là, elle portait une ample robe bleue qui abritait ses rondeurs et donnait envie de s'y blottir pour oublier les vacheries extérieures. Bleu également son doux regard attentif qui illuminait son visage carré, où de fines rides montraient le passage du temps et les sourires distribués.

Séance après séance, j'ai vidé mon trop-plein de souffrance, de rancœur et appris à faire le deuil d'un mariage raté, d'une banale histoire de femme périmée abandonnée pour une plus fraîche… Il y a quelques semaines, enfin prête à découvrir d'autres univers, j'ai intégré le groupe de thérapie proposé par Clara. Grâce à la sollicitude d'Arthur, de Louise et de Noé, je me suis remise à vivre doucement, à faire confiance pour oser demander ou refuser, sans peur du rejet. Clara sait si bien jongler avec diverses approches d'épanouissement personnel pour apprivoiser nos ombres, que j'attends chaque rencontre avec impatience, curieuse également de découvrir les résultats des « devoirs à la maison » de mes comparses !

La dernière séance, j'avais retrouvé un moment éprouvant de mon enfance où j'avais été mordue par un chien. Devenue cynophobique, mon indispensable jogging quotidien mettait mes nerfs à rude épreuve car cette terreur emprisonnée m'obligeait à faire de longs détours pour éviter les portails gardés par des molosses écumants de rage. Grâce à un ancrage de ressource[1], j'ai pu dominer cette peur panique, retrouver le plaisir de courir, et jouer avec le cocker de ma meilleure amie. Il m'a suffi pour cela de retrouver un moment de ma vie où je m'étais sentie détendue et en sécurité, de m'y associer pleinement avec tous mes sens, puis d'ancrer cette ressource sur ma main, comme un bouton magique que je peux solliciter à chaque fois que j'en ai besoin. Simple et super efficace !

Noé avait comme mission de s'inscrire à un cours de théâtre amateur pour terrasser le dragon du trac. La timide Louise, d'inviter au restaurant le collègue qui la fait rêver depuis des mois. Quant au bouillant Arthur, il avait choisi de mettre en place un rituel matinal de méditation pour mieux gérer le stress de ses trépidantes journées de trader.

Et pas grave si le défi n'est pas relevé du premier coup ! On expérimente la stratégie des petits pas, on apprend à transformer chaque expérience en apprentissage, et grâce à l'entraide de ce fameux Club des Cinq, on avance…

Justement, nous voilà maintenant tous réunis pour le ramassage des copies.

Chou blanc pour Louise avec son Kévin chéri, qui lui a confié son homosexualité. Un amoureux perdu, mais un ami gagné ! Et pour nous, une formidable crise de fou rire lorsqu'elle nous conte leur virée au BHV pour acheter des caleçons coquins à Kévin. Nous applaudissons Noé quand il nous récite son premier texte. Au printemps prochain, il sera Octave dans *Les Fourberies de Scapin.* Pour fêter ce succès, il a apporté une bouteille de champagne à partager avant de nous quitter. Quant à Arthur, il a médité 2 minutes 33 avant d'envoyer valser son coussin par la fenêtre !

Clara sourit et propose de continuer nos explorations avec l'exercice du « Pire jour de notre vie ». Deux par deux, nous évoquons ces heures noires, puis nous cherchons ensemble les leçons de vie glanées. Nous expérimentons ensuite la puissance de l'EFT[2] pour calmer les émotions perturbatrices, avant de terminer avec la séance de relaxation maison… pendant laquelle Arthur s'endort comme un bienheureux !

Lors du pot de clôture, j'observe le visage fatigué de Clara, ses gestes las. Ramsès, blotti contre sa poitrine lui donne double dose de ronrons, comme pour recharger ses batteries. À se demander qui est le thérapeute ici !

Ramsès 3

Ils ont tous un grain ce soir ! Je faisais ma p'tite sieste, peinard, quand ils se sont mis à se tapoter partout, les mains, la tête, les dessous de bras avec un sourire béat, en disant des drôles de trucs : « *Même si j'ai le trac... même si je suis stressé... je suis bienveillant envers moi et je m'aime...* » On aurait dit des singes ! Mais le plus drôle, c'est qu'ils avaient l'air tout détendus après leur truc d'EFT, un peu comme moi quand je me lèche les pattes.

Mon sixième sens m'dit que quèque chose tourne pas rond ! Il y a comme une fêlure dans la voix de mon Ange et cette drôle d'odeur sur sa poitrine qui devient plus présente chaque jour. Alors je ronronne dur, je fais patte de velours en accéléré pour chasser l'intrus... Elle me regarde, et au bord de ses cils une perle de larme glisse alors qu'elle croit que personne ne l'observe. Je la gobe d'un coup de langue râpeux, ni vu ni connu Princesse !

Je saute sur la poignée de la porte pour amorcer le mouvement de repli : allez au lit vous autres, ma Merveille a besoin de se reposer ! Encore un bisou, une caresse si vous voulez... D'un coup de queue rageur, je renverse un verre plein de bulles et vais me coucher dans mon panier pour montrer que la fête est finie.

Non mais, faut pas abuser de la gentillesse de ma Star des cœurs à la dérive !

Ouf, enfin seuls… raconte-moi ma Clara d'amour cette carabistouille qui t'écorche le moral… Mais c'est quoi toute cette eau qui coule de tes yeux ?

Au secours, ma Sirène fait naufrage !!!

Clara

Il y a des journées que l'on n'oublie jamais, celles qui marquent un avant et un après, comme celle d'aujourd'hui. Une journée commencée dans la douceur d'un rêve fraîchement cueilli et qui s'achève dans l'éclat des larmes…

J'avais rendez-vous tôt ce matin avec mon fidèle ami médecin Gabriel, pour connaître les résultats de la biopsie pratiquée sur cette petite boule au sein gauche apparue il y a quelques semaines.

— J'ai fait refaire l'examen par deux laboratoires différents, Clara. Ils sont du même avis. Tu as une tumeur de type luminal B, vraisemblablement grade 2. La mauvaise nouvelle, c'est que ce type de cancer du sein est souvent proliférant. Tu dois prendre rendez-vous sans tarder avec cet oncologue, le meilleur pour ce type de pathologie.

Incrédule, je lui ai fait répéter le diagnostic plusieurs fois en lui demandant d'expliquer ce que cachent ces mots barbares. Tellement désarçonnée par ce danger qui vient du dedans, là où je me croyais le plus en sécurité !

Moi, la psy du bonheur, l'optimiste, la bienveillance incarnée, l'adepte d'une vie saine sans une pincée de tabac, je fais table d'hôtes pour ce Dracula sournois ?

… il doit y avoir une erreur de casting !

Mon zélé petit prof intérieur a déjà sorti la « fiche cancer » et déroule le quizz : tabac, alcool, polluants, alimentation, stress, radiations, facteurs héréditaires… bonnes réponses partout ! Dans ma famille, on meurt d'accident, d'une fragilité du cœur, on ne fréquente pas cette vacherie de crabe !

Les vagues d'émotions se succèdent dans un va-et-vient incessant : stupeur, sidération, colère, tristesse, peur, rage, chagrin, sentiment d'injustice…

J'ai pleuré sur l'épaule de Gabriel ne cherchant pas à remettre le couvercle, ni à contenir ce tsunami émotionnel. Docile, j'ai accepté son aide, pris mon agenda pour noter le rendez-vous à l'hôpital pour les examens complémentaires. Nous dînerons ensemble demain soir pour finaliser le plan de bataille contre le Crabe rose.

Puis la nouvelle, insidieusement, m'a contaminée, brouillant ma tête, anesthésiant mes sensations, laminant mon énergie… Pourtant, ma journée est pleine comme un œuf : entretiens individuels, déjeuner avec une collègue pour préparer une intervention en entreprise, et à partir de 18 heures, le groupe de thérapie !

Mes questions, alignées en tenue de combat, sont remontées à l'assaut. Envahissantes, étouffantes, obsédantes…

J'ai marché comme un zombie au hasard dans les rues, m'arrêtant dans un square pour regarder des enfants jouer, et doucement le calme intérieur est revenu… quelques instants ! La petite voix qui m'accompagne, mon Aladin fûté, m'a murmuré : « *Cherche le sens de ce qui t'arrive… Trouve le maillon faible dans ta chaîne de vie…* »

D'un pas vide, j'ai repris le chemin du Vivoir avec cette nouvelle certitude : c'est moi que je vais installer sur le divan ! Mettre mes habits de Sherlock Holmes, plonger au cœur de mon humanité pour assembler les morceaux de puzzle et retrouver mon unité. Mobiliser mes forces vives pour affronter la maladie et fracasser les murailles de la mort. Écrire pour ouvrir la porte de cet infranchissable mur et trouver la lumière. Transformer la ligne brisée en ligne d'horizon, en ligne de mire pour continuer à habiter le monde… encore un peu !

Dualité

« Une maille à l'endroit pour notre passé et notre vie intime, une maille à l'envers pour notre culture et nos proches, c'est ainsi que nous tricotons nos existences. »
Boris CYRULNIK

Clara

Dans le square de mon enfance, le banc est toujours là. Sous le marronnier joufflu, un peu à l'écart des balançoires où s'envolent à grands cris les enfants rieurs. La même peinture verte, pâlie, écaillée par les intempéries et par le temps. Celui qui efface, blesse, guérit, et laisse remonter à la surface des lambeaux d'enfance.

L'herbe vient d'être coupée. Elle embaume la chaleur du jour qui ruisselle sur ma peau, et sa fragrance sucrée réveille un autre jour. L'image se trouble et surgit du fond de ma mémoire la souffrance d'une petite fille aux boucles blondes, figée dans sa robe à pois bleus et ses jolies chaussures vernies. Une petite fille qui s'appelait encore Céleste.

Céleste ! Rien d'aérien pour moi dans ce prénom, mais un prénom « pierre » qui me noyait sous la souffrance des incessants quolibets moqueurs à l'école : *« Céleste, t'es la femme à Babar ! Retourne à Célesteville avec tes grands pieds et ton gros popotin ! »*

Sept lettres toxiques qui m'enfermaient dans le piège de la sidération, de la honte, me clouaient au pilori de l'exclusion et de la solitude.

Le jour de mes 8 ans, j'ai décidé de changer de prénom. J'ai convoqué ours et poupées pour organiser l'enterrement de Céleste la maladroite, la mal-aimée. Et publier les bans de ma nouvelle identité. J'ai déchiré la page de garde de mes cahiers et j'ai écrit de ma grosse écriture ronde : CLARA LOISEAU, sésame pour ma nouvelle vie. Le soir au dîner, d'une voix calme et assurée, j'ai annoncé à mes parents :

— Céleste est morte. Clara a pris sa place !

— Comme tu veux, Mouche, m'ont-ils répondu avec leur habituelle indifférence souriante.

Pour eux, cela ne changeait rien, je restais leur gentille « Mouche ». Celle qui les laissait vivre leur amour fusionnel et la passion de leur métier, Médecin dévoué pour mon père, fleuriste talentueuse pour ma mère. Très tôt, j'avais compris le message. Pas d'autre choix que d'être sage, réussir à l'école et les déranger le moins possible.

Peut-être, lors de ce jour de fuite, ai-je planté une graine de cancer, ou bien retardé son éclosion en me protégeant derrière mon second prénom. Allez savoir les desseins de cet inconscient malicieux ! En tout cas, maintenant que la maladie est là, j'ai besoin de comprendre pourquoi elle s'est installée en mon sein, repérer les fils emmêlés de mon tricot de vie, découvrir comment les dénouer pour me remettre sur mon axe.

Pas facile de contrôler le sablier de la mémoire ! Mes sens s'emballent et les images se bousculent pour remonter à la surface, comme des amies pressées de venir me réconforter. Je largue l'amarre et embarque dans mes souvenirs…

La venelle aux roses trémières… une petite maison blanche cachée dans un jardin luxuriant… l'odeur du jasmin, la petite main sèche de Mona posée sur mon front brûlant, sa voix qui sait si bien me consoler, m'endormir, me faire rêver…

Tous ces sons qui épellent le monde : le chant des marées et des cornes de brume, l'appel déchirant des mouettes, le silence effaré qui suit les tempêtes.

C'est à l'île de Ré que j'ai vécu ma petite enfance, confiée à ma grand-mère maternelle, une vraie magicienne ! Mon père faisait son internat, ma mère partait tôt le matin s'approvisionner aux halles, rentrait à la nuit noire. Épuisée, elle s'endormait parfois au milieu de ses roses, réveillée par son Prince charmant venu la respirer entre deux gardes hospitalières. Mona venait de perdre son mari, elle avait du temps et de l'amour à distribuer. Elle m'ouvrit grand son cœur et m'offrit cinq années éblouissantes de bonheur.

Mon couffin posé au milieu des roses dans le chant des mouettes et des abeilles butineuses… mes premiers pas à marée basse sur l'immense plage déserte… les histoires qui ensorcelaient mes nuits… nos fous rires gourmands aux babines ruisselantes de chocolat chaud… les pêches miraculeuses à la crevette… les départs vers l'Amérique sur le vieux bateau d'Ulysse. Plus tard, je découvrirais que ces rivages battus par les vagues étaient ceux de la côte sauvage d'Oléron, transfigurés à tout jamais par un parfum d'aventure.

Parenthèse enchantée qu'il me fallut refermer pour prendre le chemin de la ville, retrouver ces parents presque inconnus rencontrés lors de fugitives vacances. Entrer à la grande école où je m'ennuie car Mona m'a appris depuis longtemps à plonger dans les livres, les déchiffrer, les escalader, les dévorer.

Faire semblant d'être heureuse. Refuser de voir que je suis comme une ombre au tableau, celle que l'on aimerait déplacer pour que la pièce soit plus belle. Retenir ma respiration, mes cris, mes rires, mes pleurs. Studieuse, silencieuse, souriante… Tenir bon jusqu'aux vacances grâce à Ramsès, le petit chat offert par Mona le jour noir du départ.

La veille des vacances, il s'installait dans son panier en osier, prêt à rejoindre notre île. Avec trois mois pour revivre, vivre, se construire… faire provision de forces vives pour tenir bon. Comme ces ours du Grand Nord qui n'ont que quelques mois pour se gorger de nourriture avant d'affronter un jeûne qui peut durer 180 jours… le mien durait 275 jours, 276 les mauvaises années !

Deux prénoms… Deux lieux de vie… Une caverne d'Ali Baba pour y puiser des trésors pour me battre, un désert à irriguer et replanter pour continuer à vivre… Danse sacrée entre l'amour et l'indifférence… Un pas en avant, un autre en arrière… Une maille à l'endroit, une autre à l'envers… Arrêter les fils du tricot avec l'aiguille du pardon et de la gratitude…

Si la feuille de route commence à se dessiner, je sais que le chemin sera long, douloureux, aussi nécessaire que rédempteur.

Le chant des oiseaux semble suspendu. Le vent du passé m'apporte alors la *Chanson de Céleste* inventée par Mona un jour où j'avais le cœur à marée basse…

Celle qui laisse entrer le soleil
Scelle le bonheur dans ma maison
Celle que j'aime, coquillage de mon cœur
Leste pour réveiller l'Amour dormant
Zeste d'enfance aux doigts d'or
Céleste, ma fée espérance
La vie t'attend…

Trinité

« Tu sais ce que c'est la mélancolie ? Tu as déjà vu une éclipse ? Eh bien c'est ça : la lune se glisse devant le cœur, et le cœur ne donne plus sa lumière. »
Christian Bobin

Ramsès 3

C'est à c'te heure que tu rentres, ma Colombe ? Tout ce temps à t'attendre, ça m'a mis la rate au court-bouillon et l'estomac dans les pattes ! Je t'ai entendue faire la crêpe cette nuit dans ton lit : un coup à droite, un autre à gauche, sur le dos ou sur le ventre… les bras de Morphée n'ont pas su t'apaiser. Dès potron-minet, tu as abandonné le Vivoir oubliant de remplir mon bol de croquettes, une grande première ! Je suis allé gratter à la lucarne de Lulu pour réclamer ma came, un bol de lait bien frais, avant de monter la garde dans le tilleul. Puis il y a eu cette urgence, un p'tit tombé du nid. Sa mère affolée m'a filé des coups de bec quand je l'ai pris dans ma gueule pour le porter sur le coussin du salon. Elle pouvait pas savoir que je ne mange pas de ce pain-là, que les oiseaux, c'est sacré pour moi ! Je ne suis pas un sauvage qui croque sa famille, non mais !

Le p'tit va pas fort. Je l'ai léché, lui ai ronronné une berceuse. Mais je savais pas faire le Kiki[3] guérisseur comme toi avec tes mains magiques. Dis-moi que tu vas le soigner, ma Sorcière bien-aimée !

— Ne me regarde pas comme ça, Ramsès avec tes grands yeux couleur espérance. Tu sais bien que l'on a peu de temps pour les sauver quand ils tombent du nid. Il est trop tard pour celui-ci. Viens, on va lui donner sa dose d'Amour avant le grand voyage…

Clara

Le moineau semble m'avoir attendue pour partir. Je sens dans ma main son petit cœur affolé se calmer. Sa tête se pose au creux de ma paume, le noir de ses yeux se voile, ses pattes se raidissent. Les miaulements de Ramsès se font déchirants, comme un chant d'adieu…

Une courte vie, si fragile ! Inutile de me balancer cet œil de travers Ramsès, je suis d'accord avec toi. Même une étincelle de vie, le monde en a besoin pour continuer sa course. Maman oiseau va élever ses autres petits qui auront plus de place dans le nid et des chances de survie plus grandes. Inlassablement, elle va construire à nouveau, pondre, couver, nourrir, pour les laisser partir…

Une coïncidence cette visite de la faucheuse aujourd'hui ? Dans mon existence déboussolée, tout semble être signe à entendre.

En préparant le dîner, je pense à celle qui a réussi son envol, Lou, ma fille. Mon piaf tendrement chéri qui a su trouver son Amérique, la vraie. Elle a posé ses casseroles dans un restaurant huppé de New York, partie à la conquête des papilles de la Grosse Pomme.

Je ne te parlerai pas du Crabe rose, ma Lou. Pas tout de suite… Inutile de perturber le menu, d'assaisonner tes plats d'une pincée de larmes, de ralentir ta course à l'étoile. Le moment venu, tu sauras…

Tu me manques tant, si tu savais ! Mes gestes sont vides, car trop pleins de ton absence. Moi qui avais peur d'être mère, je me suis découvert une furieuse faim de Lou. Tu t'es invitée dans le film, une nuit pleine d'étoiles, au temps des ciels mouillés et des aubes fragiles.

L'année de mes 20 ans, assise à l'ombre de ses rosiers, Mona a fermé les yeux sur la beauté du monde. Antonin, mon ami de toujours, m'a emportée sur son voilier *L'Odyssée* pour sécher mes larmes au vent d'ouest. Ensemble, nous avons pleuré, ri, nagé avec les dauphins. Un soir où même le champagne était triste, nous avons fait l'amour comme on dit une prière…

Huit mois plus tard, tu montrais ta frimousse, comme si, en escroquant ces quelques semaines tu voulais profiter de ton père plus longtemps, comme si tu savais déjà que les vents mauvais nous le voleraient.

Vous étiez inséparables, tes petits poings accrochés à sa barbe rousse. Tu as su nager avant de marcher, chanter avant de parler, rire avant de pleurer. On vivait entre le bateau et notre studio sous les toits rochelais. Mes journées étaient galère avec la fac de psycho, les petits boulots pour faire bouillir la marmite et ton enfance à préserver. Avec comme gros lot ces escapades que ton père nous offrait quand le quotidien devenait trop lourd.

— Mes oiselles, les cormorans vous appellent ! Il est temps de lever l'ancre.

Antonin chantait à la barre, tu t'installais sur ses genoux, je m'endormais dans le hamac. Le soir venu nous tressions nos rires au ciel d'été…

Puis tu es entrée à l'école, je suis devenue psy à l'hôpital de La Rochelle, Antonin skipper sur de riches yachts pour payer les réparations de *L'Odyssée,* mise en cale sèche. Il nous restait les vacances pour nos « envolées de la Trinité », comme ton père les avait baptisées. À bord, il était Dieu le Père, tu étais la Fille, moi le Saint-Esprit. Je râlais de temps en temps, refusant de te confier ce rôle de sauveur de l'humanité. Tu rigolais de plus belle, secouant tes boucles vermeilles…

– T'inquiète, Mam ! Plus tard, je serai loup de mer. Pas assistante sociale, ni bonne sœur ou psy comme toi !

Et sur tes cahiers d'école, tu rajoutais un P à la fin de ton prénom pour me narguer.

Tes épousailles avec la mer ne furent jamais célébrées, ma Lou. Une tempête irlandaise fracassa *L'Odyssée* au large des îles d'Aran. Le corps disparu d'Antonin te fera renoncer aux poissons et crustacés pendant de longues années. Hurler en passant devant les étals des poissonneries : *« Bonjour Papa ! Je t'aime. »*

Nous avons fui la mer, déménagé à Paris. J'ai été embauchée comme psy dans une grosse boîte où je m'ennuyais ferme, mais ses horaires souples me permettaient de t'envelopper de présence et d'amour. J'ai imité Mona en t'offrant Ramsès 2, ton chat confident.

Le mien reposait sous le mimosa odorant dans le jardin de ma grand-mère. Je ne pouvais plus lui rendre de visites de gratitude, mes parents ayant vendu la maison de Ré pour agrandir la boutique de fleurs. Un vrai coup de poignard en plein cœur !

Mona m'avait légué sa pendule, un vieux lit bateau dans lequel je dors encore, sa toile du Paradis qu'elle a peinte pendant vingt ans, le portrait d'un homme au fier visage ombré par un imposant chapeau noir, mystérieux tableau qu'elle m'avait fait promettre de ne jamais vendre, un coffre amoureusement rempli de lettres, de photos, de livres. Je l'ouvrais de temps en temps pour prendre une bouffée de bonheur, le refermais aussi vite, le rideau de mes larmes enfouissant les images et les mots tracés par d'autres.

C'est dans cette malle aux trésors que tu as découvert ta vocation ma Lou, dans les pages d'un livre de cuisine élimé. Quand l'éclipse de notre cœur devenait trop douloureuse, tu te mettais au fourneau pour cuisiner des merveilles, chantant à tue-tête des paillardises de marins.

Un jour, tu as décidé de pardonner aux poissons, qui après toutes ces années ne pouvaient plus boulotter ton père. Tu es partie apprendre la cuisine de la mer auprès des plus grands chefs de Bretagne, du Japon, des États-Unis…

Tu as posé tes valises auprès de ce grand cornichon new-yorkais de Justin.

Un cornichon sans saveur, mais si rassurant après toutes ces tempêtes !

Car le temps chagrin avait continué à frapper. Mes parents, partis en pèlerinage sur le GR Corse de leur rencontre, avaient raté un virage pour aller s'écraser en bas d'une falaise. Unis jusque dans la mort !

Ils avaient gardé le soleil du cœur pour eux. Nous les avons peu pleurés. La souffrance était ailleurs. Dans le renoncement à cet amour à tout jamais perdu.

Nous avons dispersé leurs cendres sur ce fameux GR, vendu leur appartement, bradé le petit magasin de fleurs croulant de dettes et de rancœurs. Impossible de racheter une maison sur l'île de Ré devenue une destination à la mode, où les prix s'étaient mis à flamber et les résidences secondaires à fleurir, le charme s'enfuit.

J'ai pris une assurance vie à ton nom, des séances de thérapie pour apaiser le vrai cimetière ambulant que j'étais devenue. Tu es partie te réchauffer à l'autre bout du monde…

Je pensais avoir fait la paix, pardonné, dit adieu à mes amours du passé.

Les nœuds de la maladie révèlent une blessure invisible, encore insaisissable.

« Les choses ne sont là que pour être vues », disait Pantanjali, un sage de l'Inde ancienne. J'ai aiguisé mes larmes mais pas assez mon regard.

Promis, ma Lou, je continue l'enquête, pas question de te faire vivre une autre page de deuil !

Quartet

«...Guérir est un acte d'amour. Rentrer en soi, c'est tout d'abord retourner chez soi avec le sentiment d'être accueilli, comblé dans la totalité de notre être ; c'est ensuite y trouver une force qui vient de nous et nous pousse à agir, au lieu de rester replié sur nous-mêmes et d'avancer sans but. »

Lou ANDREAS-SALOMÉ

Ramsès 3

Tu vas dire que j'écoute aux portes ma Gazelle, mais tes mots « ce grand cornichon de Justin » m'ont rebroussé le poil ! D'abord, la critique, c'est pas ton genre, et puis t'as vu qui squatte ton lit ? Un ours mal léché, un vieux croûton trop cuit, un intello sec du dedans. La seule fois où il a posé ses sales pattes dans le Vivoir, il t'a tenu de grands discours prétentieux brodés de citations latines mal prononcées qui te laissaient sans voix. J'ai déclenché le plan ORSEC, j'suis allé lui arroser le pantalon pour te faire rire. L'a pas aimé mon cocktail maison, l'animal ! Ça l'a fait fuir fissa, la queue entre les jambes. Depuis, c'est toi qui le rejoins dans sa tribune de banlieue. Mais je vois bien que ça te froisse le moral, comme si t'avais une souris coincée dans la gorge. Faut dire qu'avec un prénom pareil, Tristan, y'a de quoi te filer le bourdon !

Pas comme celui qui vient d'arriver les bras chargés de douceur : mes choux à la crème préférés, de la musique dans le cœur et des caresses plein les pognes... Gabrrrrrrrrrrriel !

Clara

— Arrête de tirer des plans sur la comète, sacré Raminagrobis manipulateur, tu sais pourtant bien que Gabriel n'aime que les garçons !

Je souris en repensant à notre rencontre, il y a vingt-cinq ans, lors de ma première semaine de travail à l'hôpital de La Rochelle. Un jeune patient venait de mourir et je pleurais à chaudes larmes près de la machine à café. Gabriel, qui sortait pourtant épuisé d'une délicate opération, a pris le temps de m'écouter. Le lendemain, il est passé prendre de mes nouvelles. Nous sommes devenus complices, partageant nos sandwichs avec les écureuils et les canards du parc Charruyer, ou un rapide plateau à la cafétéria. Antonin et Lou tombèrent vite sous le charme de ce grand échalas blond au regard de braise, et c'est ainsi que naquit le *Quartet de l'Odyssée*. Sur le pont, rires et chants s'unirent à la musique.

Car Gabriel pouvait jouer de n'importe quel instrument, et n'importe quel objet devenait instrument. Il y eut à bord des concerts de flûte… à champagne, de cuillères musicales, de piccolo, de casseroles amoureuses, de scies chantantes… Souvent, la voix de Maria Callas allait caresser la voie lactée, faisant tournebouler nos cœurs.

Un jour, Lou nous annonça que quand elle serait grande, elle épouserait Gabriel, mais qu'en attendant, il ferait un parrain acceptable. On célébra le baptême dans la baie magique de Girolata en Corse. Une fête mémorable remplie de rires, de dragées, de flots de Champomy, qui se termina par un bain de minuit et un feu d'artifice d'étoiles filantes.

Gabriel prit très au sérieux son nouveau rôle, se transformant tour à tour en chauffeur de princesse, prof de musique, distributeur CB, éveilleur de papilles, clown, confident, conteur. Après la disparition d'Antonin quelques mois plus tard, il devint le meilleur des réparateurs de cœur gros.

Il nous suivit à Paris, nous offrant son précieux soutien et des repères protecteurs à Lou. Cette dernière comprit vite qu'il ne serait jamais son Prince Charmant en découvrant les hommes séduisants qui se succédaient dans la vie de son parrain. Elle se consola en disant qu'ainsi jamais leur amour ne se fanerait. Et il ne fit que grandir au fil de toutes ces années…

Comme d'habitude, Gabriel assure la programmation musicale et les notes du *Köln Concert* de Keith Jarrett, l'un de mes disques préférés, envahissent le Vivoir. Il ouvre l'une de ses meilleures bouteilles de Chianti Classico pour endormir notre vague à l'âme et accompagner le dîner italien du traiteur de la rue Daguerre.

— J'ai acheté tout ce que tu aimes, ma Clara : boutons d'artichaut, champignons de Calabre, *involtini* de Parme. Je vais te préparer ces *topolini* aux cèpes, et pour sucrer tes papilles, un panettone en pain perdu.

Le temps de la gourmandise, comme celui des larmes, est maintenant passé. Il faut établir notre plan de bataille. Gabriel a déjà pris tous les rendez-vous, il ne me reste qu'à aménager mon emploi du temps pour caser l'inévitable intervention chirurgicale.

— Voilà comment les choses vont se dérouler. Tu vas être opérée par mon ex, Victor, qui le moment venu te reconstruira une poitrine de rêve. Tu enchaîneras avec la chimiothérapie, puis la radiothérapie. Un protocole en trois temps, avec un sacré quartet aux commandes : oncologue, chirurgien, ton serviteur comme chef d'orchestre, mais surtout toi ! Tu sais mieux que quiconque que la maladie est une rencontre cruciale avec soi-même, et que la guérison vient aussi de l'intérieur. L'intervention va retirer la tumeur, la chimio abattre le programme déficient et empêcher les cellules cancéreuses de se dupliquer, les rayons finir de détruire ces envahisseuses. Mais tu auras à reprogrammer tes nouvelles cellules pour la santé et tu disposes d'un max d'outils pour cela. Reste à te créer un environnement affectif porteur. Quand vas-tu parler à Lou et à Tristan ?

— Je ne veux pas le faire par téléphone avec ma fille. Elle vient bientôt participer à un concours de chefs en Italie. Je la rejoindrai un week-end pour la mettre au courant.

— Et Tristan ?

— …

— Tu vas lui dire quand même !

— Bien sûr ! Mais je crois que cela va être le grain de sable qui va faire dérailler notre relation. Pendant des années, je me suis battue pour garder la tête hors de l'eau. Travailler dur. Tout tenter pour construire une petite place au soleil et surtout protéger Lou du malheur.

Quand elle est partie en stage au Japon, je me suis sentie seule, fragile. J'ai cherché un abri, une sécurité. Je me suis mise à fréquenter les fêtes données par mes amis, et découvert que la solitude aimantait certains regards. Lors d'une soirée, j'ai rencontré Tristan, un homme minéral, intrigant. Un visage et un corps d'une densité quasi granitique, un regard gris ardoise qui rendait son abord encore plus froid et mystérieux. Un front creusé de deux profondes rides du lion tracées par ses cogitations intimes. J'ai eu envie d'aller de l'autre côté du miroir, de l'apprivoiser, de le faire parler… C'était plus facile de me laisser embarquer dans ses mots que dans les sentiments. Des mots qui se sont vite révélés creux. Comme notre histoire, une coquille de plus en plus vide, dépourvue de sens.

— Bon sang, Clara, qu'est-ce que tu attends pour plaquer ce mec ! Quand on aime quelqu'un, on nourrit pour lui des craintes, des espoirs, des rêves. Nos plus beaux élans naissent de ce lien qui nous anime, nous motive, nous porte, nous construit. Tristan ne pense qu'à faire reluire son ego surdimensionné, jamais à ton bien-être !

— Je sais, Gabriel. Et c'est sans doute l'un des cadeaux offert par la maladie, ce sursaut d'énergie pour ouvrir les yeux et choisir la Vie. Cela fait trop longtemps que j'ai peur de la toucher. De voir les sentiments prendre d'assaut ma forteresse intérieure. Quand j'ai perdu Antonin, j'ai brûlé les ponts, cherché à préserver le donjon, voulu le protéger des invasions du cœur. C'était commode d'aimer les autres, de les aider, de les accompagner pour qu'ils trouvent leur chemin. J'ai oublié la femme solitaire, la recluse emmurée dans son chagrin.

Il est temps d'abaisser le pont-levis, même si cela passe par la souffrance !

Le cancer ne s'est pas installé n'importe où, mais dans mon sein, symbole féminin par excellence. C'est ma vie de femme que je dois reconstruire… vraiment.

Et cela passe par me retrouver, m'accueillir avec mes zones d'ombre et de lumière, recoller les morceaux brisés sans attendre un amour extérieur.

J'ai bien compris que ce n'est pas le rôle des autres de m'aimer, c'est le mien !

— Choisir son combat, c'est sûrement le meilleur moyen pour le gagner. Les choses existent parce qu'on y croit. Et croire en l'amour de la Vie, c'est l'une des clés de la guérison. Prête à sortir de ta grotte, mon Oursette ?

Le retour du surnom de notre jeunesse me fait sourire. L'air du Vivoir devient à la fois léger et grave. L'*Adagio pour cordes* de Barber scelle notre contrat.

— À l'amour de la Vie ! lançons-nous en même temps en faisant tinter nos verres.

— Regarde-moi en trinquant, autrement, Gabriel, c'est sept ans sans sexe !

— Garde ta malédiction pour toi. Si tu savais quel magicien j'ai rencontré ce week-end, je crois que tu craquerais aussi pour Sam ! Les gens heureux guérissent plus vite que les gens tristes. Alors oublie les regrets, ma grande, ils sont la rouille du cœur. Vis, aime, jouis et guéris !

Après cette soirée avec Gabriel, les choses s'enchaînent vite. Je programme un dîner avec Tristan le vendredi suivant, un week-end italien avec Lou avant l'opération qui est fixée la première semaine de juillet.

Je casse ma tirelire pour m'offrir le meilleur : une orgie de *Shalimar* chez Guerlain, coiffeur, massage, manucure, un relookage complet pour renflouer mon capital glamour. Mais surtout, j'habite le temps au lieu de lui courir après.

Je m'installe dans chaque geste, je savoure l'instant… pleinement. Ralentir, pour jouer le premier mouvement de ce fameux quartet rédempteur. Jouer la vie *piano* et faire mienne la phrase de Stendhal : « *Je ne veux désormais collectionner que les moments de bonheur.* »

Un sacré défi à relever avec le parcours médical qui m'attend !

Ramsès 3

Le spectacle est grandiose ce soir, ma gazelle est devenue tigresse ! Elle a coupé ses cheveux, mis ses peintures de guerre du bout des ongles à la pointe de ses cils, et elle cartonne dur au niveau des répliques avec son triste sire, arrivé de fort méchante humeur.

— Pourquoi, c'était à moi de venir ? Avec les départs en week-end, je viens de me payer plus d'une heure de bouchon !

— Parce que depuis deux ans, Tristan, c'est moi qui me les paie ces embouteillages ! Et quand j'arrive chez toi, je me tape le ménage, les courses et la bouffe pour pouvoir passer un week-end agréable. Parce que j'ai un cancer du sein et que je dois prendre soin de moi pour affronter mon opération. Parce que j'en ai assez de t'écouter, d'économiser mes plaisirs, de mettre en cage mes rêves, de flinguer mes projets pour m'enfermer dans la médiocrité de ton quotidien.

Mais c'est surtout à moi que j'en veux, pour avoir accepté de me couper les ailes pour ta belle gueule ! J'ai besoin de me respecter, alors je souhaite qu'on arrête là, Tristan. Plutôt que de continuer ces agréables parties de jambes en l'air avec toi, je prends mes jambes à mon cou pour changer d'air !

Du balcon où j'ai été remisé pour protéger le pantalon blanc de cet oiseau de malheur, je rigole. Elle lui a si bien cloué le bec qu'il en oublie de respirer. Si ça continue, il va falloir appeler le Samu ! Comme frappé par la foudre, il est devenu tout pâle et un long silence incrédule s'installe dans le Vivoir. Puis ses yeux étincellent, son visage s'empourpre, et il écume presque de rage.

— Bien, mais tu vas regretter ta décision, Clara. Et inutile de me rappeler. Les malades aux nibards avariés, ça me fait pas bander ! *Ciao* !!!

Mais quel malotru, quel ignoble goujat, un vrai mufle minable ! Mon sang ne fait qu'un tour, je saute dans le tilleul et l'attends dans la cour, la patte levée.

Et vlan, une bonne giclée sur le pantalon ! Chez les Ramsès, la vengeance est un plat qui se mange chaud…

Cinque Terre

« Le désir de vivre renaît en nous chaque fois que nous prenons de nouveau conscience de la beauté et du bonheur. »
Marcel PROUST

Clara

J'attends mon avion pour Pise dans une salle d'embarquement à Orly, heureuse de rejoindre Lou et de visiter le parc national de *Cinque Terre*, merveille de la Riviera italienne. Une joie colorée d'anxiété. Comment trouver le moment approprié et les mots justes, pour lui annoncer ma maladie et l'opération à venir ? J'ai été tellement maladroite avec Tristan, lui vomissant tous ces non-dits toxiques au visage, pressée de le voir quitter ma vie. Sans lui laisser le temps de digérer la nouvelle, sans lui offrir la possibilité de me tendre la main. Depuis, je lui ai envoyé une lettre exprimant les creux et les bosses, mais aussi les pleins de ces deux années de compagnonnage, afin de pouvoir tourner la page sereinement. Muré dans son orgueil, sans doute enfermé dans des peurs inavouées, il m'a adressé une simple carte avec ces mots : « *Bon vent !* »

Autre pas positif, j'ai passé lundi dernier un PET Scan pour connaître l'étendue du cancer et savoir si le Crabe rose avait pondu dans mon corps. On m'a installée dans un petit box pour m'injecter un dérivé de glucose. Les cellules cancéreuses en sont particulièrement friandes et les zones où le produit se fixe indiquent de probables métastases. Quarante-cinq minutes plus tard, je suis allongée sur un lit coulissant dans un tube, avec comme consigne de ne pas bouger pendant la demi-heure de l'examen. La température y étant glaciale, difficile de ne pas frissonner ou claquer des dents ! Pour me réchauffer et m'apaiser, j'ai repensé à un délicieux moment dans mon hamac aux Antilles.

Mon corps a retrouvé la chaleur du soleil sur ma peau, l'odeur des frangipaniers, le bercement du bruit des vagues, le goût des baisers sucrés d'Antonin…

J'ai oublié le bruit de la machine, le froid, l'incertitude de cette épée de Damoclès. Tombera ou tombera pas la mauvaise nouvelle ?

Après deux heures d'attente, le verdict du mouchard à métastases arrive enfin : rien à signaler ailleurs que dans mon sein !

L'hôtesse annonce l'embarquement. Durant le vol, ma voisine italienne me vante les splendeurs de ce coin de paradis protégé, classé au Patrimoine mondial de l'humanité par l'UNESCO. Son monologue chantant finit par m'endormir. À l'aéroport de Pise, un taxi m'attend pour m'emmener à La Spezia assister à la dernière heure d'enregistrement de l'émission culinaire pour la télévision italienne.

Lou fait partie du jury chargé de départager les chefs en herbe. Je me délecte à la voir jouer son rôle d'arbitre avec humour et bonne humeur. Cela fait plus de six mois que je ne l'ai vue et je la trouve changée. Sa mince silhouette semble s'être musclée, ses gestes sont plus affirmés, son regard vert est mis en valeur par de courtes boucles vermeilles et son ravissant visage en forme de cœur est comme éclairé par une lumière intérieure.

L'émission se termine enfin. L'équipe a quartier libre jusqu'au lundi suivant, et c'est une tornade rieuse qui m'emporte dans une valse endiablée vers le port pour prendre une vedette rapide pour les *Cinque Terre*. La nuit commence à tomber et le rivage se pare d'une dentelle lumineuse. L'air est doux, caressant et ma fille intarissable.

— Mam, je suis si heureuse de te voir. Je ne vais jamais pouvoir en deux jours te raconter tout ce qui m'arrive ! Figure-toi qu'Emilio, le bel italien assis à mes côtés durant l'émission, possède l'un des plus grands restaurants de Venise. Et il veut absolument m'embaucher. C'est une chance incroyable pour une petite nana inconnue de 28 ans ! Je t'en dirai plus durant le dîner, on arrive à Manarola.

Tu vas te régaler, j'ai réservé une chambre dotée d'une somptueuse terrasse avec vue sur la mer Ligure.

L'arrivée à Manarola est féerique. Des maisons de pêcheurs de toutes les couleurs dégringolent de la colline rocheuse jusqu'à la mer. Une ruelle bordée d'échoppes nous conduit au lodge perché au sommet du hameau. Nous nous installons dans une élégante chambre décorée d'œuvres d'art contemporaines, située dans une tour génoise médiévale. Nos sacs à peine posés, nous allons boire une coupe de champagne sur la terrasse pour profiter de la vue époustouflante. Je me sens fatiguée et me laisse emporter par le joyeux récit de Lou.

Ses talents aux fourneaux lui ont valu d'élogieux articles et reportages dans les magazines. C'est l'un d'eux qui a attiré l'attention du fameux Emilio. Il a profité d'un voyage d'affaires à New York pour venir dîner incognito et l'a invitée à prendre un verre en fin de soirée.

— Les coups de foudre, cela me faisait rigoler, j'y croyais pas. Et puis ce soir-là, ça a été un véritable séisme dans ma tête, mon cœur, et quelques heures plus tard dans mon corps. Moi la fidèle, la prudente, la farouche, j'ai tout envoyé valser par-dessus les moulins. Bon, d'accord, par-dessus les gratte-ciels !

Deux jours plus tard, Justin faisait ses valises et Emilio s'installait dans mon studio. Quel déchirement quand il est reparti, j'arrêtais pas de pleurer dans mes casseroles ! Lorsqu'il m'a proposé de participer avec lui à cette émission, je n'ai pas hésité. Je suis allée voir mon manager et on a convenu que je prenais un break de six mois pour tenter l'aventure. Encore un qui tient à moi, car aux États-Unis, on fait pas de sentiment dans le monde du travail !

Depuis, je croque la vie à pleines dents et j'ai enfin l'impression de vivre avec quelqu'un dont le cœur bat au même rythme que le mien.

Nous allons dîner dans une *tavola calda* où nous dégustons de savoureuses pâtes aux fruits de mer, arrosées du vin blanc des Cinque Terre, et partageons en riant un gargantuesque dessert composé de trois tiramisus différents. Je connais bientôt sur le bout des doigts le CV du bien-aimé Emilio : 38 ans. Divorcé. Une adorable brunette de fille, Emma, âgée de 4 ans. A fait une école de commerce et la fac de droit. Parle couramment quatre langues. Possède un joli patrimoine immobilier, avec plein d'idées pour le faire fructifier. Et bien sûr, toutes les qualités pour rendre une femme heureuse !

Le vin m'étourdit, le bruit des vagues me berce, les voix italiennes m'enchantent. J'écoute Lou, je souris et m'abreuve de sa joie de vivre. Mes mauvaises nouvelles attendront demain…

Dans notre luxueuse chambre, le sommeil tarde à venir. J'écoute le souffle régulier de Lou. À chaque nouvelle respiration mon cœur se dilate d'amour.

Mes pensées flottent, se remplissent de gratitude pour ce lien de chair qui m'élève au plus haut de moi-même afin de me dépêtrer du passé. Surtout la laisser libre de découvrir les choses de la vie sans l'encombrer de mes peurs, de mes regrets. Lui offrir la chance de se laisser surprendre par l'amour, par l'imprévisible, mais aussi par la violence du monde pour se construire.

Plutôt que de donner des leçons ou de vouloir la protéger à tout prix, simplement être là pour continuer à partager nos joies, nos espoirs…

Le lendemain, le ciel est d'un bleu absolu, vibrant de lumière. Un bleu intense à faire rêver plus d'un peintre impressionniste. Après un copieux petit-déjeuner, nous partons à la découverte de cette terre solaire. Manarola viendrait de *Manium Arula*, qui signifie « Autel pour prier les Mani », les Mani étant les dieux de la famille. Un joli présage pour ma mission du jour !

Nous grimpons comme des cabris sur les falaises (à bout de souffle, impossible de parler !), visitons le cimetière monumental perché en haut du village (non, trop dramatique ici !) et l'église gothique Saint-Laurent où le calme recueilli appelle les confidences (zut, un groupe de touristes bruyants !). Nous redescendons vers une petite crique tranquille pour piquer une tête dans l'eau turquoise.

L'air de la mer m'enivre. Délicieusement. Je me sens absente à moi-même. Sans défense. Dans une présence tranquille au monde, ouverte à la magie de l'instant. Et je m'endors…

Après la sieste, Lou m'entraîne sur des petits sentiers muletiers au milieu des vignes centenaires cultivées en terrasse qui donnent un vin réputé, le *Sciacchetrà*, que nous dégusterons en fin de journée dans une cave du village. Puis arrivent les *golden hours*. Assises sur la colline face au village, nous assistons au retour des barques bariolées et à un féerique coucher de soleil entre les éperons rocheux. Le ciel s'embrase, les couleurs rebondissent sur les maisons de pêcheurs qui s'illuminent. Le moment est magique, intemporel, et les mots viennent… enfin !

Des larmes glissent sur le visage de Lou. Sa main prend la mienne. Enlacées, nous assistons, silencieuses, aux derniers éclats du jour. Bras dessus, bras dessous, nous redescendons vers le village dîner dans une *trattoria*. Plus de babillages ce soir, simplement une mère et une fille qui partagent du regard leur immense amour.

Dimanche matin, la joie est revenue, grave et sereine. Nous bouclons nos sacs et descendons au port prendre le bateau qui relie ces cinq perles : Monterosso, Manarola, Corniglia, Vernazza, Riomaggiore. Une excellente façon de découvrir, de la mer, la beauté de cette côte rocheuse sculptée par le temps, ponctuée de baies, de criques, de falaises et de pittoresques hameaux dont l'architecture épouse la forme des collines. À chaque arrêt du bateau, nous explorons d'autres splendeurs entre mer et montagne. Nous délaissons la fameuse Via dell'Amore qui longe la côte et où se bousculent les touristes. Nous préférons prendre les chemins déserts des crêtes pour admirer la vue de ce balcon sur la mer et boire le soleil. Comme si, en montant un peu plus haut dans le ciel, nous dominions le Sacré du monde, puissantes de toutes ces étincelles de joie, comblées par nos rires cueillis comme des perles délicates. L'air est chargé des parfums de thym, de romarin, de l'acidité des pierres sèches chauffées par le soleil et vibre dans la musique stridente des cigales. Mes sens s'aiguisent, mes perceptions s'affinent, l'énergie coule et se love dans mes cellules…

Nous nous baignons dans les eaux bleues, cristallines et légères, pique-niquons sur les rochers plats nous régalant d'une délicieuse *focaccia* aux olives et de fruits désaltérants achetés à l'épicerie du village fleuri de Corniglia. Un coup de cœur découvert après une escalade de 365 marches en pierre pour profiter d'un sublime panorama sur toute la côte. Et savourer ce que les yeux ne peuvent voir, la joie de l'ouvert, la merveille de cette présence à soi comme à l'autre, cette plongée dans un présent infini…

Ivres de soleil, de beauté, de tendresse partagée, mais les mollets en marmelade, nous reprenons le bateau pour rejoindre l'hôtel de La Spezia où nous attend Emilio.

Nous nous observons avec curiosité lors de ce premier dîner. Je suis assise à côté de Lou et je sens le regard du bel Italien nous comparer. Lou ressemble tellement à son père qu'il est difficile de trouver des similitudes. Le sourire, peut-être, ou ce geste machinal pour repousser une frange un peu trop longue.

Je suis heureuse de les voir ensemble, affamés, désirants, si complices.

Ne rien oublier… ne manquer aucun regard… cueillir ces précieux pétales de temps suspendu pour mon herbier à bonheur…

Lou me fait raconter, pour la millième fois, la rencontre avec Antonin.

— Le terme de « rencontre » n'est pas très juste. Nous avons été si proches dès notre petite enfance à l'île de Ré. Ulysse, le père d'Antonin, était le meilleur ami de ma grand-mère, Mona. Pendant cinq ans, nous avons été inséparables. Puis, je suis partie vivre à Paris. Nous attendions avec impatience les vacances pour reprendre nos escapades maritimes, nos parties de pêche, nos crises de fou rire. L'année de mes 18 ans, mes parents m'ont envoyée un mois en Angleterre. Un mois qui m'a semblé interminable, et où j'ai compris qu'Antonin était plus qu'un fidèle ami. J'étais tombée amoureuse comme on s'endort. D'abord tout doucement, puis tout d'un coup. À peine débarquée à Ré, j'ai attendu sur le port de Saint-Martin le retour du bateau, qui s'appelait bien sûr *L'Odyssée*. Quand Antonin a sauté sur le quai, je l'ai furieusement embrassé sous le regard narquois des autres marins. J'avais trouvé le plus merveilleux des amoureux.

J'ouvre le médaillon qui ne me quitte guère. À l'intérieur, une photo de nous trois, prise lors de ce dernier été en Corse par l'ami Gabriel. Emilio sourit en voyant Lou, mini-copie de son grand gaillard de père, fièrement campée sur ses épaules.

— Je vous confie l'être que j'aime le plus au monde, Emilio. Prenez-en soin…

Le cœur apaisé, je regagne ma chambre. Mon avion décolle de très bonne heure demain matin. La bataille du Crabe rose m'attend…

Sixtine

« Et parfois, tout à coup, la joie, la joie contre toute attente. La pure joie de vivre reprenant ses droits, se distillant dans les cellules, ou plutôt émergeant du cœur de chaque cellule comme un bourgeon d'amandier délivre sa fleur. On comprend alors la méprise de sa vie, une vie remplie de devoirs et de responsabilités, de mérite et de reconnaissance. On comprend que ce n'est pas de cela qu'il s'agit. On s'est trompé de vie. Il s'agit de goûter à la joie d'exister sans autre but. La vie goûtant la vie. La vie célébrant la vie. »

Guy Corneau

Ramsès 3

Être animal de compagnie au Vivoir, c'est pas une sinécure ! J'suis au bord du burn-out d'avoir été tripoté par tous ces gens, enroué à force de ronronner, déshydraté d'avoir miaulé pour réclamer pitance. Mes paisibles quartiers ont été envahis par Lou et son joli cœur le week-end, puis par Iseult, la meilleure amie de ma Douce descendue du paradis du foie gras pour prendre soin de Clara. Ils se sont relayés à la grande clinique vétérinaire où elle était soignée. Au retour de ma Tourterelle, c'est devenu un peu Lourdes ici. Une procession de visiteurs, des bougies, de l'encens, des fleurs et des offrandes partout ! Heureusement, Gabriel avait interdit les visites le matin et j'ai pu me glisser dans le lit de mon Oiselle pour y ronronner à gorge déployée et la guérir au plus vite.

Un jour, j'ai écouté une émission de radio qui parlait des « *bienfaits de la ronron-thérapie* ». On y racontait que les lésions des chats blessés guériraient cinq fois plus vite que celles des chiens, grâce justement à nos ronronnements. Leur fréquence comprise entre 25 hertz et 30 hertz, correspond à celle des chansons douces, et serait utile pour réguler l'hypertension, la fatigue du décalage horaire, la dépression, stimuler les défenses immunitaires, ou bien encore apaiser certaines douleurs. Car écouter ce délicieux bruit entraîne une production de sérotonine, « l'hormone du bonheur », impliquée dans la qualité du sommeil et l'humeur. Alors, pour ma Magicienne, j'ai mis le turbo et j'ai ronronné à gorge déployée. Je crois que je vais demander qu'on m'installe une plaque :

Dr RAMSÈS 3 !

Clara

Trois semaines viennent de s'écouler depuis mon opération à l'Institut. Dans la brochure d'accueil remise à mon arrivée, une phrase s'est révélée parfaitement exacte : « *Une médecine de pointe au service de l'humain.* »

Tous les acteurs médicaux rencontrés ont fait preuve à la fois d'innovation, d'énergie et de bienveillance pour m'offrir une prise en charge personnalisée. Infirmières, aides-soignantes, chirurgien, oncologue, psy, diététicienne, laborantines, kinés… chacun a joué sa partition à la perfection dans ce formidable orchestre soignant. Me voilà donc transformée en Amazone, un sein et sa chaîne ganglionnaire retirés. Ma longue expérience de la relaxation et de la visualisation positive m'a permis d'apaiser la douleur, de récupérer plus rapidement. Plus difficile d'apprivoiser ce vide féminin dans ma poitrine, cette sensation d'être bancale, sans airbag pour me caler durant mon sommeil !

Il me faudra patienter quelques mois avant d'envisager une reconstruction mammaire.

En relisant ce que j'ai noté à mon retour d'Italie, je prends conscience de mon cheminement. La bataille du Crabe rose est devenue un tête-à-tête à idées roses. Car plus je considérais la maladie comme une ennemie à vaincre, moins mon inconscient voulait m'aider. Alors, j'ai renoncé à résister en force et pris la voie de la douceur pour apprivoiser la maladie. Je suis allée à la rencontre de cette passagère clandestine et j'ai accepté de lui offrir une place de choix dans ma vie. Chaque matin, à mon réveil, je la salue, et nos échanges commencent ainsi :

— Bonjour, Rose ! Comment vas-tu ? Quelles sont les nouvelles du front ? Dis-moi ce dont tu as besoin pour t'apaiser.

— Que tu prennes soin de toi avant de vouloir prendre soin des autres. Que tu t'offres la liberté d'être dans l'instant présent, de nourrir ton âme et de te laisser surprendre par l'infime des choses : la course des nuages dans le ciel, le vol d'un oiseau, le rire d'un enfant, un sourire cueilli dans le désert des foules…

Que tu retrouves le plaisir de jouer avec tes sens, avec les couleurs, les sons, les saveurs, les mots, les touchers. Quelle est la dernière fois où tu as nagé nue, chanté sous ta douche, fait l'amour tout un dimanche, prié tendrement, non à partir d'un besoin, mais à partir de l'Amour ?

Sors du vide du renoncement, épouse cette vie au lieu de la laisser passer. Elle jaillit à chaque instant, aussi neuve qu'à l'origine des temps pour te combler. Accepte ce qui t'arrive, quoi que ce soit, pour y trouver l'étincelle de liberté offerte. Abreuve ton cœur à la Source pour que tes cellules renaissent…

— Tu seras alors prête à signer l'armistice ?

— Quand tu sauras goûter la joie d'exister, que ta vie célébrera la vie, je partirai… « *Aimer, c'est agir* », disait le poète[4]. Prends le chemin de l'arc-en-ciel et tu verras que la clé de tout, c'est l'Amour !

Parfois, les messages sont sibyllins, comme cette dernière phrase parlant de l'arc-en-ciel. Mais une incroyable confiance s'est s'installée, et tout devient un amusant jeu de piste. Chaque soir, comme une enfant, j'ouvre ma pochette-surprise à la recherche du cadeau du jour…

Aujourd'hui, c'est ma première séance de chimiothérapie. Le protocole, fixé à la suite du test génomique, précise qu'il devrait y en avoir six, espacées de quinze jours. Cette case « chimio » donne parfois le sentiment d'avoir un pied dans la tombe, car elle rend souvent plus malade que le Crabe lui-même. Case pourtant indispensable pour attaquer le mal à la racine, nettoyer mon organisme au cas où des cellules malignes auraient décidé de se faire la belle de ma somptueuse poitrine, pour aller s'aventurer dans une autre partie de mon anatomie !

Un petit boîtier a été posé sous ma peau, en dessous de la clavicule, pour pouvoir y brancher facilement les perfusions et préserver mes veines périphériques. Installée dans un box fermé par un paravent, je m'allonge sur un lit avec vue sur le ciel. L'infirmière de l'hôpital de jour installe la première poche de perfusion et je contemple les nuages en écoutant de la musique. Ici, le temps s'écoule lentement, rythmé par les bips des machines, qui signalent les poches devant être changées. De temps en temps, je trimbale ma perf' jusqu'aux toilettes en chantonnant : *« Buvez, éliminez ! »* Mon corps fait le ménage…

Derrière les paravents, j'aperçois les autres malades. Ma voisine attire particulièrement mon attention. Un élégant turban aux couleurs vives encadre un visage sévère, éclairé par de superbes yeux noirs, un visage de Madone triste. Lors de mon quatrième passage, ils ruissellent de larmes. J'hésite, puis m'approche doucement.

— Bonjour ! Je m'appelle Clara. C'est aujourd'hui ma première chimio pour mon cancer du sein. Je commence à trouver le temps long. Vous permettez que je vienne bavarder avec vous ?

Elle acquiesce d'un mouvement de tête.

— Moi, c'est Sixtine. Cela devait être ma dernière séance. Mais mes marqueurs sont mauvais. Je vais devoir repasser sur le billard…

Et ses pleurs redoublent. Je m'assois à ses côtés, sans rien répondre, calant ma respiration sur la sienne, puis ralentissant la mienne. Elle finit par se calmer et me raconte son histoire… Avocate d'affaires dans un célèbre cabinet, elle se bat pour garder son job malgré sa maladie. Elle n'a rien dit à personne, a casé opération et chimio sur ses jours de vacances, mis une perruque pour aller bosser. Impossible en cette période de l'année de placer une autre intervention. Ses collègues sont en congés et elle assure l'intérim du grand patron. Une belle promotion dont elle a besoin, car elle élève seule ses deux enfants de 8 et 10 ans. Son ex vit en Suède et elle n'attend aucune aide de sa part. Nous échangeons nos cartes de visite et convenons de nous revoir le week-end suivant.

Le lendemain, les premiers effets secondaires apparaissent : nausées et vomissements. Je sais que d'autres suivront car la chimiothérapie a pour inconvénient de ne pas faire la différence entre les cellules cancéreuses et les cellules saines. Elle va donc détruire une bonne partie de celles à renouvellement rapide comme les ongles, les cheveux, la peau. Elle provoque aussi souvent une diminution transitoire des défenses immunitaires. Gabriel m'a tout expliqué en détail et fourni les adjuvants nécessaires : vitamines, antinauséeux, calmants… il m'appartient d'éviter l'alcool, les aliments épicés et acides pour protéger mon système digestif mis à mal et freiner les inflammations de la bouche.

Je téléphone à Sixtine pour lui proposer de me rejoindre afin de pratiquer le « dialogue avec mes cellules ». Un processus transmis lors d'un stage au Canada par le psychanalyste Guy Corneau[5] qui aimait rappeler que la guérison vient de l'intérieur : *« Le médecin soigne, le patient guérit. »*

Ensemble, nous allons construire un pont vers la lumière…

J'apprends à utiliser mon énergie pour harmoniser mes pensées, mes émotions, et déployer autour de mon corps de subtiles enveloppes de lumière guérissante.

De sa belle voix chaude, Clara a enregistré une relaxation d'une vingtaine de minutes que nous écoutons régulièrement. Une danse à quatre temps, entre conscient et inconscient, pour régénérer nos cellules : 1, 2, 3, 4… Soleil de vie !

Installez-vous confortablement et entrez en contact avec votre respiration. Inspirez et expirez en relâchant vos tensions corporelles… Puis imaginez que vous posez sur votre souffle une lumière dorée qui va saluer avec bienveillance vos organes : cœur, poumons, estomac, foie, rate, intestins… Laissez-vous bercer par cette vague de tendresse intérieure… Portez votre attention au niveau du cœur et allez à la rencontre de la cellule maîtresse de votre corps, ce puissant noyau énergétique… Invitez-le à rejoindre un organe atteint…

Mettez-vous à l'écoute de ce que vos cellules cancéreuses ont à vous dire. Laissez venir tout ce qui vient, qu'il s'agisse de pensées, d'images, de souvenirs, d'émotions…

Remerciez vos cellules altérées d'accepter ainsi de communiquer avec vous, de vous raconter leur intention positive à votre égard... Dites-leur que leur mission s'achève car vous avez entendu leur message, qu'elles peuvent disparaître, pour laisser la vie circuler en vous...

Invitez maintenant la cellule maîtresse à convoquer toutes les cellules-souches pour fabriquer de nouvelles cellules saines à profusion. Imaginez qu'elles commencent à se frotter entre elles, produisant chaleur, énergie et lumière. Visualisez cet organe de plus en plus joyeux et brillant, dansant et vibrant de santé retrouvée... Si vous le souhaitez, vous pouvez de la même façon rendre visite à d'autres parties de votre corps, permettre aux cellules-souches de migrer vers les tissus ayant besoin de réparation...

Ressentez dans tout votre être cette libre circulation d'énergie bienfaisante qui œuvre pour vous conduire vers une santé parfaite...

Prenez quelques minutes pour vous reposer... Puis quand vous le souhaiterez, remontez à la surface de vous-même, enrichie par tout ce que vous avez vu, entendu, ressenti... et quand vous vous sentirez prête, rouvrez les yeux sur la beauté du monde...

Nous aimons clore notre séance par un thé gourmand, agrémenté d'une tranche de rire, en regardant un film comique ou un DVD d'humoriste. Avec une tendresse particulière pour Pierre Desproges, mis hors jeu par le Crabe après un courageux combat, et qui aimait à dire : « *S'il n'y avait pas la science, combien d'entre nous pourraient profiter de leur cancer pendant plus de cinq ans ?* »

Rien de tel qu'une joyeuse dose d'endorphines pour stimuler le système immunitaire !

Comme je ne me sens plus aussi seule, mes problèmes deviennent plus légers. J'ai demandé de l'aide à mes parents et leur ai confié Léo et Manon jusqu'à la rentrée scolaire. J'ai osé aller voir mon patron à son retour de vacances pour lui faire part de ma prochaine opération, redoutant qu'il me mette sur une voie de garage. J'ai été étonnée de sa réaction humaine, presque paternelle. Il m'a parlé de la maladie de sa femme, touchée par un cancer deux ans auparavant, et comme il regrettait de n'avoir pas été plus présent pour prendre soin d'elle. Il a accepté d'alléger mes horaires, tout en me gardant à mon poste actuel.

« *Il est temps que tu fasses confiance aux autres... et à la vie !* » me dit souvent Clara. Et elle ajoute doucement, comme si elle se parlait à elle-même : « *Simplement... La vie goûtant la vie. La vie célébrant la vie...* »

Clara

Ces temps de rencontre avec Sixtine sont précieux. Pas besoin de longues explications, l'autre connaît les embûches du chemin. Et nous nous aidons mutuellement. Quand mes cheveux ont commencé à tomber par poignées, j'ai eu un sacré coup de blues. Encore un peu de ma féminité qui disparaissait !

Sixtine est arrivée le lendemain avec un superbe turban multicolore et m'a conduite chez mon coiffeur préféré rue Daguerre. Nous lui avons demandé de mettre la musique à fond et tous les clients se sont mis à chanter pendant qu'il officiait. En regardant mes mèches blondes tomber sur le sol, j'ai été étrangement émue. J'ai réalisé que mes cheveux étaient imprégnés de mon passé et que je pouvais faire de ce moment un beau rituel d'allègement.

Chaque coup de ciseaux, chaque passage de la tondeuse, laissait s'en aller les mauvaises énergies de ces dernières années. Comme un serpent qui se sépare de sa vieille peau pour grandir, je pouvais laisser derrière moi ce qui ne me convenait plus, donner à ma vie le rebond dont elle avait besoin. Et quel troublant face-à-face avec ce crâne d'œuf, ce visage mis à nu qui me regardait dans le miroir !

Dans le paquet au turban, une carte de Sixtine avec cette phrase écrite au XIIIe siècle par le poète persan Rûmi : « *Je ne suis pas ces cheveux, je ne suis pas cette peau, je suis l'âme qui vit à l'intérieur.* »

Nouvelle opération, un autre protocole de chimio, et pourtant je me sens bien. J'ose partager mes émotions, dire non aux sollicitations importunes, mais aussi me projeter dans l'avenir. Avec mon patron, nous allons créer une association, *Le turban rose*, qui proposera une aide juridique gratuite aux femmes touchées par le cancer. Jour après jour, je cherche à transmettre mes apprentissages et des graines d'espoir autour de moi. Hier, je suis allée à la radio pour enregistrer un message qui sera diffusé le jour de l'an sur *France Bleu*. Une émission qui souhaite offrir des vœux un peu particuliers, comme les miens sur la santé…

J'ai été frappée de plein fouet par le cancer un certain jour d'été. Mes projets sont tombés en chute libre. Depuis je vis entre parenthèses. Quand la bourse guette les fluctuations du CAC 40, je surveille la courbe de mes marqueurs.

Mon agenda était zébré de « déjeuners-travail-copains », parfois de rendez-vous futiles et délicieux. Mon emploi du temps a changé de protocole, alternant prises de sang, consultations et chimio. Je découvre les dommages collatéraux : une épilation complète que certaines m'envieraient, le regard ahuri des sans-sourcils et une alopécie qui fait peut-être rêver les fans de Barthez… mais pas les femmes ! Mais depuis que mon lendemain s'écrit en « peut-être », je me moque bien de la mode et de ses paillettes ! Le drame d'un ongle cassé, ou d'un raté du quotidien me fait sourire.

Ce passage à vide devient un passage à l'essentiel et un bonheur par jour me suffit. Je le choisis au petit matin, avant d'ouvrir mes paupières sans cils.

Puis, je m'enturbanne le crâne et j'annonce la couleur : « Bonjour foulard, bonjour madras, aujourd'hui, je vois la vie en rose ! »

J'ai découvert que la chimio décape aussi le cœur, libère cette pudeur qui étouffe l'affection derrière des non-dits. Alors, je fais scintiller l'amour et sème des « Je t'aime ! » *autour de moi… Apaisée, je prends conscience que ma douleur n'est que physique, quand d'autres souffrent de la trahison ou de la perte d'un être cher. Je mesure le privilège d'une maladie bien plus entourée qu'un sida discriminatoire ou un alcoolisme honteux. Et puis, j'ai trop d'amour autour de moi pour décevoir ou semer l'angoisse. Pour mes aimés, je surmonte les maux du corps qui rétrécissent l'horizon autour de mon nombril.*

Le téléphone de mes amis m'apporte l'écho assourdi de leurs trépidations tandis que je savoure chaque miette de l'instant présent. La sécu m'a promis une prise en charge jusqu'en… juin 2021. C'est vous dire si je prends mon mal en patience ! Il n'empêche, quand on me demande quel cadeau me ferait plaisir, je réponds désormais : la santé !

Santé, à laquelle on ne prête pas attention tellement il nous semble naturel d'aller bien ! Parmi vous, chers auditeurs du Jour de l'An, certains ont été touchés par une maladie qui a chamboulé leur vie. Vous avez lutté pour sortir de la souffrance, parfois du désespoir, pour ne jamais quitter des yeux la lumière de l'espérance. Merci d'avoir été, d'être vous, pour nous… Et avec beaucoup de tendresse, je vous offre à tous pour cette année toute neuve « mes meilleurs vœux de Santé » *!*

Clara

Cette année si particulière effeuille ses derniers jours. Je viens d'avoir ma chimio finale, mes analyses sont plutôt bonnes, et je démarre mes séances de radiothérapie en janvier. C'est auprès de mes amis, Iseult et Max, que j'ai choisi d'aller tourner la page, dans leur belle demeure de Gascogne, la Licorne bleue. J'ai rencontré Iseult il y a plus de quinze ans, lors de ma formation d'hypnothérapeute, et elle est devenue ma meilleure amie. Depuis, je prends souvent mes quartiers de vacances dans ce coin perdu du Gers pour m'y faire chouchouter, et entretenir mes rondeurs en savourant les spécialités du Sud-Ouest.

Lou n'a pu m'y rejoindre. Pour les fêtes, c'est le coup de feu dans son restaurant, Venise étant une destination de choix pour tous les amoureux du monde.

Sixtine et ses enfants, Léo et Manon, se sont joints à nous. La vieille maison résonne de rires, de cris d'étonnement devant l'immense sapin scintillant dressé dans le salon, au pied duquel chaque matin Max dépose des surprises enrubannées pour petits et grands. Son piano chante des mélodies qui font battre plus fort les cœurs, tandis qu'Iseult raconte au coin de la cheminée des histoires qui font frissonner nos âmes. Le bonheur est là, simple et tranquille dans ce havre de paix.

En ce 31 décembre, il neige sur les palmiers et les lauriers roses. Cette chute vertigineuse de gros flocons fait disparaître les repères familiers que le regard reconstruit à tâtons. Le paysage pétrifié dans sa blancheur immaculée devient féerique. La neige semble arrêter la course du temps, immobiliser la nature pour nous permettre de mieux l'admirer. Dans les arbres qui se transforment en géants mystérieux, les oiseaux se sont tus. Un silence ouaté recouvre le jardin et fait chuchoter les enfants émerveillés.

Les adultes songeurs repensent à tous ces petits pas courageux ou hésitants, conscients ou inconscients, créatifs ou prudents de ces derniers mois.

Cette toile vierge, offerte par le ciel, incite à oublier les contretemps, pardonner les différends, effacer les souvenirs de « mauvais temps », pour ensemencer l'an neuf à venir de songes étincelants, à cueillir chemin faisant…

La petite voix de Léo demande alors : « *Maman, la neige, c'est léger ou c'est lourd ?* » Et les mots d'Iseult s'élèvent dans le silence blanc…

Dis-moi combien pèse un flocon de neige ? demande la mésange à la colombe.

— Rien d'autre que rien, répond cette dernière.

La mésange lui raconte alors cette histoire :

*— J'étais sur la branche d'un sapin quand il se mit à neiger. Pas une tempête, non, juste comme un rêve, doucement, sans violence. Comme je n'avais rien de mieux à faire, je commençais à compter les flocons qui tombaient sur la branche où je me tenais. Il en tomba 3 751 952. Lorsque le 3 751 953*e *tomba sur la branche (rien d'autre que rien, comme tu l'as dit), celle-ci cassa.*

Sur ce, la mésange s'envola. La colombe, une autorité en matière de paix depuis l'époque d'un certain Noé, réfléchit un moment et dit finalement :

— Peut-être ne manque-t-il qu'une personne pour que tout bascule et que le monde vive en paix ?

La plume bleue

J'ouvre la fenêtre et la respiration de l'océan entre comme un être vivant. Le lointain clapotis se mue en battements du cœur, en écho à celui qui palpite si fort dans ma poitrine.

Vivant, je suis vivant ! Chaque nouveau matin me trouve aussi démuni et rempli de gratitude. La froideur du silence contre mon visage m'apporte les sensations de cette aube de renaissance, vieille de quelques semaines…

J'ai repris connaissance allongé dans un trou creusé dans la neige, entouré des débris du campement dressé comme un fragile rempart contre le blizzard, recouvert de la vieille couverture de mon traîneau. Et dans ce désert blanc, une mystérieuse plume bleue posée à mes côtés…

Mon corps semblait garder le souvenir d'une intense chaleur, d'une main souveraine gardant à distance la fureur de la tempête. Mes doigts gelés ont trouvé avec peine mon briquet de survie, bien à l'abri sous ma double couche de vêtements. J'ai allumé un feu pour me réchauffer et faire fondre de la neige dans le vieux quart cabossé épargné par les ours. Mon téléphone a été détruit, mais les copains de la base dont je partage l'existence depuis trois mois doivent avoir mes dernières coordonnées GPS. Il me suffit d'attendre les secours…

L'hélicoptère arrivera quelques heures plus tard pour me transporter à l'hôpital de Fairbanks. L'équipe médicale s'étonnera du peu de séquelles laissées par ces ténèbres glacées. J'essaierai en vain d'assembler des morceaux de mémoire, me retrouvant à chaque fois dans une bulle de lumière et de chaleur…

J'ai choisi de passer mes quartiers de convalescence et d'écriture dans la confortable cabane en rondins de mon ami John, dans la baie du Prince-William, un véritable paradis pour les baleines, les phoques et les loutres de mer.

Ce matin, j'ai terminé mes articles et viens de les envoyer au journal. Petite goutte d'eau de colibri pour éteindre le réchauffement climatique, pourtant ma principale raison de vivre… Mais est-ce que je vis, ou je survis depuis bien des années ? Où est passée cette joie flamboyante qui me mettait au monde chaque matin ?

Ce flirt avec la mort m'a fait entrer dans le temps du questionnement sur ma raison d'être. Si mon existence s'était achevée cette nuit-là, quelle trace aurais-je laissée au monde ? Certes des centaines d'articles, deux livres sur la nature et sa protection… mais dans quels cœurs serais-je encore vivant ?

Posée sur mon bureau, la singulière plume d'un bleu irréel semble vibrer et me répondre dans une langue inconnue… Message reçu, à nous deux ma belle !

Sept septembre

« Les adieux sont seulement pour ceux qui aiment avec leurs yeux. Parce que pour ceux qui aiment avec leur cœur et leur âme, il n'y a pas de séparation. »

RÛMI

Lou

La nuit a été agitée de mauvais rêves. Le bateau fantôme est encore revenu ! Papa était à la barre de *L'Odyssée*. Si jeune, si beau, si joyeux… Le chant qui sortait de sa barbe rousse était envoûtant, comme une invitation à venir le rejoindre. Mais il tendait la main vers une source de lumière et semblait ne pas me voir. Des larmes d'impuissance ont inondé mon visage et je me suis réveillée… Je suis allée dans la cuisine me préparer une infusion pour chasser la tristesse. Seulement, impossible de me rendormir ! Je me suis installée pour lire dans le fauteuil du bureau de Clara. Ramsès a sauté sur une étagère et fait tomber un carnet noir. Je l'ai ouvert et lu sur la première page, ces trois mots : *« Le Crabe rose »*.

En reconnaissant l'écriture de Maman, j'ai voulu le refermer. Sans doute est-ce le journal de sa maladie, un jardin secret à préserver.

Mais ma curiosité l'a emporté, et comme une abeille, j'ai butiné des passages pour mieux comprendre ce qu'elle a vécu. J'ai pleuré aux premières pages, souri lors de l'escapade aux *Cinque Terre*... et l'ai aimée encore plus fort tout au long de ma lecture.

Les choses semblaient aller si bien jusqu'à cet été ! Le protocole anticancer ayant parfaitement fonctionné, l'oncologue avait donné son feu vert pour la reconstruction mammaire. Une clinique du 14ᵉ arrondissement a accepté de l'opérer en juillet. Intervention réussie, et Mam était super fière de sa nouvelle poitrine de star.

Quelque temps après son retour au Vivoir, alors qu'elle s'apprêtait à venir passer trois semaines à Venise, sa cicatrice est devenue purulente et une mauvaise fièvre s'est déclarée. C'était une infection nosocomiale, sans doute transmise par l'implant défectueux. Retour à l'Institut. Nouvelle intervention et doses massives d'antibiotiques pour venir à bout de cette saleté de bactérie particulièrement virulente.

Emilio a accepté que je prenne un congé pour être auprès de Maman à l'approche de son anniversaire. Comme un précieux cadeau, je gardais pour ce jour-là l'annonce de notre prochain mariage dans un palais vénitien. Un conte de fées en train de se transformer en cauchemar...

Clara

J'ai passé une mauvaise nuit malgré les fortes doses de calmant. Je me sens comme un cétacé échoué sur le rivage, à bout de souffle. Et pourtant étonnamment libre et apaisée dans ce corps altéré qui me limite de toutes parts.

Ces derniers mois, je me suis chouchoutée avec ces outils que j'ai si longtemps transmis aux autres. Avec une préférence pour le rituel *Ho'oponopono*[6], cette ancienne tradition guérisseuse venue d'Hawaï. Un art de vivre qui aide à rétablir la paix en soi et autour de soi, en utilisant quatre mots magiques, un puissant mantra purificateur vieux de plus de deux mille ans : « *Désolée, Pardon, Merci, Je t'aime.* »

J'ai alors accepté tout ce qui arrive dans ma vie, en bannissant le jugement à l'égard d'autrui, comme envers moi-même… en entrant dans le lâcher-prise… en vivant plus intensément chaque jour dans les vibrations de la gratitude, du pardon et de l'Amour… en abandonnant le monde de la séparation, des peurs et de l'ego, pour choisir la voie du cœur et de l'unité.

La vie est devenue pour moi un sujet d'émerveillement et la base d'une nouvelle confiance. Les symptômes, maladie ou épreuves, par un renversement de perspective, devenaient alors une porte d'accès au *soi,* à l'âme. J'ai choisi de prendre le temps d'écouter ce fracas intime, ce message vivant émergeant des profondeurs. J'ai appris à rendre la douleur magnifiquement belle, porteuse d'espoir, même si mon avenir s'arrête demain. L'obscurité ramène toujours à l'essentiel, loin des artifices inutiles. Comme ce retour à l'instant présent, à ce 7 septembre où je vais fêter mes 50 ans.

J'ai toujours aimé cette double alliance du chiffre 7 pour mon jour de naissance. Septembre… du latin *septem* signifiant « septième mois », car autrefois l'année commençait au printemps. Et tous ces 7 présents de la vie : les 7 notes de musique, les 7 couleurs de l'arc-en-ciel, les 7 étoiles de la Grande Ourse, les 7 chakras, les 7 jours de la semaine, les 7 vertus qui permettent d'échapper aux 7 péchés capitaux ! C'est aussi un chiffre sacré en numérologie qui célèbre le recentrage, la prise de conscience et le recul sur soi-même.

J'attends comme une enfant émerveillée le cadeau du jour. Je sais que cette journée va m'apporter une expérience particulière. Faire encore plus confiance, m'ouvrir, accepter de m'abandonner…

Une violente douleur broie tout mon côté gauche. Un bruit assourdissant sort de la machine installée près de mon lit. Et c'est comme si je glissais à l'extérieur de moi. Des pas pressés dans le couloir, des voix qui s'affolent tandis qu'une puissante vague m'emporte…

– Elle s'enfonce ! Vite, le chariot d'urgence ! Je commence le massage cardiaque. Palette à 100, reculez ! Palette à 200, reculez !

Un choc violent sur ma poitrine. Je me sens quitter mon corps, m'élever au-dessus du lit, monter vers le plafond, devenir spectatrice de l'agitation de la chambre 121. Je ne souffre plus, j'entre dans un tourbillon de lumière…

Ramsès 3

Debout Lou ! Faut que t'aille voir à l'hôpital, ma box a grillé, je n'ai plus de connexion avec ma Magicienne. Lève-toi, Petit Poisson d'amour, j'ai si peur dans ce noir silence…

Lou

Je viens de donner à manger à Ramsès. Mais il boude son assiette, s'agite et continue à miauler. Il devient vraiment capricieux ce chat !

Le téléphone sonne. C'est l'hôpital qui m'annonce que Maman vient de faire un arrêt cardiaque. Son cœur est reparti, mais elle est entrée dans le coma.

Au même moment, j'entends une clé tourner dans la serrure et Gabriel entre dans le Vivoir. Je me blottis contre lui et toutes ces larmes retenues ces derniers jours glissent sur son pull devenu buvard à chagrin.

– Viens, ma puce. Filons à l'Institut où on accepte de nous faire une petite place au service de réa'. On va lui parler et lui donner envie de revenir…

Dans le service de soins intensifs, Maman est entourée de machines qui n'arrêtent pas de biper. Elle semble si différente dans cette immobilité blanche ! Ses rondeurs ont fondu ces dernières semaines et ses courtes boucles blondes font comme une auréole autour de sa tête. Elle semble déjà partie vers un ailleurs, lumineuse, si sereine et paisible. Peut-être est-elle dans son hamac sur le pont de *L'Odyssée* ?

Je me blottis contre elle pour que nos cœurs s'unissent dans un même battement d'amour. À travers mes larmes, je vois Gabriel me tendre une enveloppe ivoire.

— Clara a préparé pour toi plusieurs lettres… Elle avait envisagé le meilleur, mais aussi le pire avec le traitement agressif de ces dernières semaines, et son système immunitaire fragilisé par le cancer.

J'ouvre le courrier, peut-être livré par le bateau fantôme de la dernière nuit ! Mais impossible de le lire, je pleure à gros bouillons. Gabriel pose sa voix sur les tendres mots…

Ma Lou,

Mon esprit agité s'est blotti dans sa crypte intérieure pour faire silence et écouter le souffle divin me transformer.

Mon corps épuisé m'a conduite au bord du précipice. Je vais sauter ma Lou, pour trouver ma liberté intérieure et monter vers la lumière. Laisser cette écorce pesante et rompue au bord de l'infini pour m'approprier ma vie autrement. Laisser se dénouer peines, souffrances, illusions pour m'appartenir enfin dans cette ultime tentative pour me mettre au monde avant de disparaître…

Écoute mes lèvres devenues si pâles te murmurer ces quelques vers de François Cheng, précieux fils d'or qui ont consolé bien des nuits sans sommeil…

« Point de retour sans aller
Le fleuve de larmes et de sang
S'évapore en brume légère
Se condense en nuages flottants
Retombe en pluie fertile,
Tout le perdu est repris
Source et mer sont retrouvailles
Point d'aller sans retour. »

Reste sur la voie de la Vie, ma Lou ! J'appareille sans toi, mais je ne suis pas loin, simplement partie escalader l'arc-en-ciel et suivre le sentier des étoiles…

Je reviendrai ! Je serai la lumière qui accompagnera tes pas, la source vive où tu viendras te désaltérer, cet océan d'Amour où vie et mort célèbrent leurs épousailles dans un éternel recommencement…

Sois heureuse, ma Lou !

Je t'aime pour toujours…

Mam

ACTE II : LE PAYS ÉTERNEL

« Il nous faut naître deux fois pour vivre un peu, ne serait-ce qu'un peu. Il nous faut naître par la chair et ensuite par l'âme. Les deux naissances sont comme un arrachement. La première jette le corps dans le monde, la seconde balance l'âme jusqu'au ciel. »

Christian BOBIN

La première rencontre

Clara

Je m'élève dans un tunnel de lumière où des voix chaleureuses chuchotent, comme pour m'encourager à franchir le passage. Mon souffle se fait battement d'ailes. Il me fait franchir l'abîme entre Terre et Ciel, dans un déchirement, un envol, comme une glissade vers le haut. Emportée par une calme volute duveteuse j'entre dans l'Immense. L'espace se dilate et le temps semble s'arrêter. Tout devient mouvement, ondes, spirales, tourbillons de couleurs. La matière tout entière danse une symphonie de beauté tandis que les contours de mon corps s'effacent, qu'il n'existe plus de séparation entre moi et l'univers, plus de doute ni de peur, juste cette joie éclatante d'oiseau-voilier qui irradie tout mon être. Une route se dessine à l'encre des étoiles. Puis la terre tremble et s'ouvre. Une lumière jaillit des tréfonds des ténèbres pour m'accueillir et la nuit s'efface… Les arbres murmurent un chant que je ne comprends pas mais qui m'abreuve et m'apaise. Une chaleur intense se répand dans mes veines. Mon corps s'embrasse, mon cœur rayonne d'un Amour absolu qui m'invite à m'abandonner dans le Sacré du monde…

— Bonjour Céleste, bienvenue au Pays éternel ! Je sais que tu as choisi de te prénommer Clara, mais ici nous t'appelons Céleste.

— Nous ? De qui parlez-vous ?

— De tous ceux qui t'aiment, qui t'ont connue dans cette vie… ou bien dans d'autres.

— Mais où suis-je ? Qui êtes-vous ? De quelles autres vies parlez-vous ?

— Tu es entrée dans le temps des questions, pas encore dans celui des réponses. C'est pour cela qu'à chacune de nos rencontres, je répondrai seulement à une ou deux d'entre elles. *« Où suis-je ? »* a été à la première de tes interrogations. Tu es au Pays éternel, cet au-delà où nous allons quand notre vie terrestre est terminée. Ce qui n'est pas ton cas, regarde !

Sur l'infini du ciel, une image apparaît. Celle d'une forme familière étendue sur un lit d'hôpital, reliée à des machines et entourée de soignants. Mon corps amaigri repose, inerte mais paisible, dans une salle aseptisée où résonne l'une de mes musiques favorites, sans doute choisie par mon tendre Gabriel.

— Ton corps est dans le coma après l'arrêt cardiaque qui t'a ouvert le tunnel de lumière[7]. Ton âme a rejoint le premier cercle de l'au-delà, une sorte de salle d'attente pour ceux qui n'ont pas encore choisi s'ils vont vivre ou mourir.

— Mais qui êtes-vous ?

— Je m'appelle Virgile. Je suis ton guide pour ton séjour parmi nous. Je t'accompagne pour te faire entrevoir cet autre côté de la Vie, t'aider à choisir ton chemin pour aller vers ton accomplissement. Mais aussi te faire découvrir d'autres perceptions, d'autres facultés, une forme de langage au-delà des mots.

— Tout ce que vous me racontez me semble bien obscur ! Vous avez parlé d'un premier cercle, mais quels sont les autres cercles, et où sont-ils ?

— En fait, il ne s'agit pas de lieux, mais d'états spirituels. À chaque étape de ce voyage de l'âme, nous passons de l'initiation à la compréhension. Et une autre porte s'ouvre alors pour entrer dans un nouveau cercle. Jusqu'au lointain face-à-face avec la Source divine.

— Vous parlez de Dieu ?

— C'est l'un des noms du grand mystère de la Création. Sache que certaines de tes questions resteront sans réponse car tu es entrée dans un univers où les notions de temps et d'espace n'existent plus, où la rationalité et la matérialité des choses ont disparu. Nos âmes vagabondent dans l'envers des choses, à la recherche de l'impalpable, de la beauté, de la magie, de la sagesse du monde.

Nous y sommes libérés des contraintes et des pesanteurs terrestres qui emprisonnent la pensée, les émotions, l'action, la communication.

— Comme si le corps était un frein à la découverte de cette sagesse du monde ?

— Le corps physique est un manteau que l'on revêt l'espace d'une vie terrestre.

Il est un lieu d'expérimentation, une école de progrès pour l'âme. Il est entouré d'autres corps énergétiques, impalpables et invisibles, reliés à lui un peu comme des poupées russes. Une fois ce corps disparu, la transformation se poursuit dans une autre dimension. L'identité vibratoire de l'âme traverse alors des expériences nouvelles, accède à un formidable pouvoir d'information et de création, développe la capacité à engendrer un environnement favorable à son évolution.

— Vous parlez d'évolution, Virgile. Comme s'il n'y avait pas de rupture entre notre vie sur Terre et notre vie ici, mais une continuité ?

— Au Pays éternel, les maîtres mots sont l'éveil, la croissance et l'évolution. Ce que nous devenons, et où nous allons après notre mort, dépend de nos croyances, de nos sentiments, de tout ce que nous avons semé durant notre parcours terrestre. L'au-delà reflète l'avancement plus ou moins grand de notre conscience. Chaque pensée, chaque acte construit notre éternité, mais la Vie sait aussi recommencer à chaque instant, aussi neuve qu'à l'origine des temps pour nous ouvrir le champ des possibles.

— La maladie m'a permis de comprendre que je pouvais redistribuer les cartes, faire d'autres choix pour prendre soin de ma vie. Mais si je suis au Pays éternel, c'est que je dois sûrement jouer ma partition autrement…

— Tu es venue dans cet endroit où réside ton âme, là où tout commence et se termine, pour retrouver ton unité, et faire la paix avec toi-même. Lorsque tu seras en accord avec ton souffle divin, les changements s'opéreront d'eux-mêmes. Prends le temps d'entrer dans la plénitude du silence pour aligner tes différents niveaux de conscience. Tu es comme un instrument de musique désaccordé. Tu sais que c'est toi qui a créé ta disharmonie intérieure, mais tu veux continuer à jouer quand même. C'est dans le silence que les notes peuvent être écoutées et réajustées. Il t'est offert ce temps hors du temps pour explorer les immensités qui t'habitent. Si tu penses avoir terminé ta mission de vie et trouvé la clé qui ouvre toutes les portes, alors tu entreras dans un autre cercle de lumière.

— Et si je n'ai pas terminé mon cycle de vie ou si je ne trouve pas la clé ?

— Tu regagneras ton corps, mais un corps transformé pour continuer ta route. Le souffle de Vie s'exprimera alors dans tes émotions authentiques et profondes, dans tes intuitions, dans ces moments d'inspiration et de clairvoyance qui illumineront ton cheminement, dans toutes ces synchronicités, ces coïncidences significatives, ces clins d'œil du hasard qui ponctueront ton quotidien.

— Mais qui êtes-vous donc, Virgile ? Mon guide, mon ange gardien ? Et pourquoi me tutoyez-vous ?

L'homme sourit et son image s'efface…

Je devrais me sentir agacée, irritée par cet échange qui a fait surgir plus de questions que de réponses. Mais je n'éprouve aucune de ces émotions. Uniquement le calme apaisé du petit enfant lové dans les bras de sa mère ou de l'amante comblée qui réinvente le premier souffle du monde.

Je me repasse le film de cette rencontre, mais l'image de Virgile m'échappe, comme le sable fugitif d'une main trop avide. Son visage, ses mains, sa silhouette me sont à la fois inconnus et tendrement familiers. Il est grand, mince, blond, sa voix est chaleureuse… J'arrête de vouloir rassembler les morceaux de puzzle en prenant conscience que sa voix n'est pas arrivée par mes oreilles, mais directement à mon cerveau. Mais non, je n'ai plus ici ni oreilles ni cerveau ! Alors, comment avons-nous communiqué ? D'esprit à esprit ? D'âme à âme ?

La verdure gorgée de lumière semble m'appeler et je m'abandonne dans un silence bienheureux. Attentive à y cueillir ma seconde question…

La deuxième question

Le chant d'un oiseau réveille ma conscience. Est-ce l'aube qui blanchit l'horizon ou déjà l'aurore rosée annonçant le lever du soleil ? Au Pays éternel, y a-t-il des jours et des nuits, ou est-ce un temps sans temporalité, de la lumière sans ombre ?

Je suis assise sur un banc de pierre au pied d'un saule où s'accrochent des écharpes de brume. Une rivière aux eaux limpides éclabousse mes pieds.

Mais ce que je vois, est-ce la réalité, un rêve ou bien autre chose ?

— Ce sont des hologrammes que ton inconscient tisse à partir de tes souvenirs. Les personnes disparues que tu croiseras peut-être auront un corps éthéré, sublimé, capté au point culminant de leur épanouissement. Ton cheminement peut également te donner accès aux archives de l'univers, cette immense bibliothèque du savoir où tu pourras puiser des informations pour mener à bien ta mission et participer à la création du monde…

Je n'ai pas entendu arriver Virgile, mais un bien-être rayonnant m'inonde quand il s'installe à mes côtés.

— Qu'as-tu maintenant envie de me demander, Céleste ?

— Qui êtes-vous, Virgile ? Parlez-moi de vous, de votre vie…

— Je vais te parler de celle où je m'appelais Virgile Montaigut. J'ai vu le jour en 1860 dans un petit village du Béarn, aux pieds des Pyrénées. Devenu médecin, j'ai épousé Sophie, une amie d'enfance. Nous avons partagé un amour doux et paisible. Nous avons eu deux enfants, Marie et Louis. Mes journées étaient longues et harassantes. Je parcourais de mauvais chemins souvent détrempés avec mon cheval, allant de ferme en ferme pour soigner de pauvres paysans. Ils n'avaient souvent pour me payer qu'une douzaine d'œufs et un panier de légumes de leur potager. À la fin de l'hiver 1895, ma femme et ma fille sont tombées malades, touchées toutes deux par la tuberculose. Il n'existait pas d'antibiotiques à cette époque-là, et elles sont mortes quelques mois plus tard, Marie à la fin de l'été 1896, Sophie peu avant Noël.

Au printemps 1897, pour sortir de notre chagrin, j'ai emmené Louis faire la connaissance de la famille parisienne de sa mère et découvrir la capitale, cette grande ville de pierres qui le faisait rêver.

Nous y sommes restés quelques semaines. Au cours d'une soirée, j'ai rencontré Hélène, une cousine éloignée de Sophie, dont je suis tombé éperdument amoureux. Le 4 mai 1897, elle nous proposa de l'accompagner à une manifestation qui faisait courir le Tout-Paris, une vente de charité organisée par la haute société, présidée par la duchesse d'Alençon, la sœur de l'impératrice Sissi.

Une image se pose alors sur un nuage. Celle d'une foule parisienne qui afflue rue Jean-Goujon, vers un grand hangar en bois. Au premier plan, un homme élégant, avec à son bras une ravissante jeune femme à qui un petit garçon donne la main. La photo s'anime et le trio entre dans le *Bazar de la Charité*. Il s'y déroule durant trois jours une vente à prix modérés de bijoux, bibelots, lingerie et colifichets, au profit des plus démunis.

Le Bazar est un bel et grand édifice construit en sapin fraîchement verni, couronné d'une toiture de verre dissimulée sous un long vélum jaune. À l'intérieur, la décoration est des plus pittoresques. Un décor de théâtre en carton-pâte de plus de 80 mètres de long reconstitue une rue médiévale du vieux Paris.

Une voie bordée d'auberges, d'échoppes aux enseignes originales, de boutiques tenues par des dames patronnesses, joyeusement décorées de tentures, de draperies, de lierre et de feuillage. La foule se presse vers un appentis où a lieu un spectacle de cinématographe. Pour 50 centimes, on peut assister à la projection d'images animées des frères Lumière. Louis a très envie de voir *L'arroseur arrosé* qui a tant fait rire Hélène lors d'une projection privée.

— Il fait trop chaud, j'étouffe, murmure la jeune femme. Sortons dans la cour prendre un peu l'air. Pouvez-vous aller nous chercher une citronnade, Virgile ?

La femme et l'enfant s'installent le long du mur, à l'ombre de l'hôtel du Palais. L'ample robe de popeline bleue, brodée de fins dessins blancs semble soupirer d'aise au contact de la pierre fraîche, tandis que sa main gantée réajuste un chapeau de paille bouton d'or, posé sur une chevelure tressée en couronne.

Virgile remonte la vaste allée bordée de boutiques, s'amuse des noms évocateurs peints sur les enseignes – À la truie qui file, Au chat botté… – en se dirigeant vers l'entrée où se trouve le buffet.

J'ai envie d'arrêter le film. De faire taire la voix de Virgile. Je me mets alors à hurler : *« Non, revenez ! »* car JE SAIS ce qui va se passer…

Mais l'évocation continue. On survole maintenant le Bazar, puis l'image zoome sur l'appentis où se déroule la projection. La lanterne du cinématographe a épuisé sa réserve d'éther et il faut la remplir à nouveau. Bellac, le projectionniste, n'y voit pas très clair dans l'obscurité de la cabine. Il demande à son jeune assistant de lui donner de la lumière. Celui-ci ouvre le vasistas, puis craque une allumette. Mais l'appareil est mal isolé, et les vapeurs d'éther s'enflamment. Comme une vraie traînée de poudre, dans un rugissement affolant, le feu embrase la pellicule, puis le décor, court le long des boiseries, se propage au vélum goudronné qui recouvre le plafond. Des débris incandescents tombent sur les invités, mettant le feu aux chevelures, aux chapeaux, aux vêtements. Des hurlements de douleur, des cris de panique se mêlent au grondement de l'incendie. La foule se rue sur des portes condamnées qu'elle espère forcer. Des personnes tombent, sont piétinées, d'autres s'enflamment comme des torches et retombent sur un amas grandissant de cadavres calcinés.

Virgile tente de rebrousser chemin tandis que d'autres hommes s'enfuient, foulant aux pieds les malheureuses femmes écrasées, se frayant un passage à coups de poing, de talon, de canne… Il recouvre son visage d'un tissu mouillé, s'arc-boute dans la fumée de plus en plus épaisse, traverse le fracas des corps entrechoqués, des cris d'épouvante. Tout autour de lui n'est que craquements, crépitements, sifflements. Ses joues cuisent, ses cheveux grésillent, ses yeux et ses poumons deviennent brûlants. Il arrive comme par miracle, jusqu'au petit terrain vague clos de murs où l'attendent Hélène et son fils. Les cuisiniers de l'hôtel du Palais ont réussi à desceller trois barreaux de la fenêtre, à passer une chaise par l'ouverture et ils aident les prisonniers des flammes à s'extirper de la fournaise. Virgile et Hélène font passer des femmes, des enfants, Louis, de l'autre côté, à l'abri.

« Mon Dieu, Ester ! » s'écrie alors Hélène. Elle se met à courir avec Virgile pour sauver une petite fille d'environ 5 ans, figée de terreur au milieu de la cour.

C'est à ce moment-là que l'immense cadre de feu du Bazar s'effondre sur eux.

Je suffoque cherchant à faire taire ces hurlements de damnés, chasser l'odeur pestilentielle des corps suppliciés, arrêter ces images d'horreur…

— Mais comment est-ce que je savais ce qui allait se passer, Virgile ? J'ignorais tout jusqu'à présent de ce terrible évènement, qui a fait tant de morts et de blessés graves…

Mes mots s'envolent vers l'écran des nuages redevenu paisible. Je suis à nouveau seule sur mon banc de pierre. Seule, et bouleversée par ce qui commence à émerger des profondeurs de mon inconscient…

Les âmes sœurs

Le jour est d'une beauté sans égale. Le soleil dépose çà et là des pièces d'or sur les tapis de mousse brodés de jade. La rivière prend la couleur des arbres qui s'y reflètent. Des oiseaux bleus, jaunes et blancs rasent la surface de l'eau joueuse. On dirait des flèches de lumière, insaisissables, presque rêvées. Une brume bleutée descend des montagnes et c'est comme si un châle se posait doucement sur mes épaules.

Il n'y a pas eu de troisième question. Nous étions entrés avec Virgile dans un face-à-face lumineux, au-delà des mots. Seuls à deux, nous regardons le soir glisser sur le paysage et s'enlacer aux odeurs de la terre. Dans une intimité palpitante où nos âmes-cœurs battent à l'unisson.

Un à un les morceaux du puzzle s'étaient assemblés. En retrouvant sa source d'amour, une partie de moi avait pu redevenir Hélène. J'avais alors revu cette unique nuit partagée par nos corps, la veille de l'incendie du Bazar de la Charité. Le vibrant amour de cette jeune femme pour cet homme fracassé qui recouvrait dans ses bras l'envie de vivre. L'explosion de jouissance de nos sens et de nos âmes unies dans ce moment parfait où la souffrance et le chagrin s'éparpillaient dans la puissance du désir. Une sorte de miracle, de fusion, où chaque molécule de nos corps s'unissait dans une danse sacrée. Nous renaissions à l'espérance… sans savoir qu'elle serait si brève !

D'autres images étaient ensuite venues à ma rencontre, d'abord une à une, puis dans un kaléidoscope endiablé. Celles de toutes ces vies antérieures où nous avions été âmes sœurs. Deux âmes issues d'une même origine, séparées, et qui tentaient sans cesse de retrouver leur part manquante pour recréer leur unité. Comme tous ces amants mythiques portés par l'inconscient collectif, chantés par les légendes, contés dans les écrits, parfois incarnés dans la vraie vie. Des âmes qui évoluent, se transforment pour revenir au divin.

Premières sensations, des cellules qui se divisent dans un ventre pour donner naissance à des jumeaux. Dans cette scène initiale, nous étions deux bébés, nés trop prématurément qui ne pouvaient survivre… Puis les flashs et les situations se déroulent de plus en plus vite. Avec des sexes qui changent, comme les époques, les lieux, les liens de parenté, d'amour ou d'amitié. Un frère et une sœur abandonnés dans un orphelinat… Des femmes brûlées sur un bûcher durant l'inquisition… Des amants guillotinés durant la Révolution française… Deux soldats morts gelés durant la retraite de Russie… Des colons hollandais tués en Arizona par les Indiens…

Virgile et Hélène... Avec à chaque nouvelle rencontre, l'opportunité de grandir et de faire évoluer la conscience. Mais aussi, à chaque fois, une issue dramatique, comme si l'histoire ne pouvait finir bien.

— Pourquoi avons-nous été si souvent séparés, Virgile ?

— Nous avions mené à bien notre mission commune et nous devions repartir, continuer seuls notre chemin pour atteindre un éveil supérieur.

— J'ai l'impression d'avoir enfin retrouvé mon unité, tout en pouvant vivre une double existence. D'être à la fois MOI et TOI. De pouvoir ressentir tes pensées, tes émotions, tes douleurs, ta puissance, ta lumière, même quand tu n'es pas à mes côtés. Comme si nous étions reliés par un pont lumineux, baignés d'une vague d'Amour qui jamais ne s'arrêtera !

— C'est le rêve de bien des humains de trouver cette âme sœur. Cette fusion parfaite, cette complétude qui chasse la solitude. En fait, la vraie âme sœur n'apporte pas que l'harmonie et la paix. Elle est aussi un miroir qui montre ce qui entrave et amène à prendre conscience des changements nécessaires. Elle est cette force qui abat tes murs, parfois te réveille d'une claque pour te remettre sur ton axe et t'aider à te retrouver. Un peu comme deux ondes de même fréquence qui, se rencontrant, se télescopent, s'amplifient pour permettre à chacune d'atteindre sa puissance maximale et repartir ensuite dans une autre direction.

— Dans une autre direction ? Mais je ne veux plus te quitter, Virgile. Je veux rester dans cet océan d'Amour !

— C'est pourtant ce qui va arriver, Céleste. Que tu choisisses de rester ou de quitter le Pays éternel, nos chemins se sépareront à nouveau pour que chacun réponde à l'appel de sa mission. Pour que nous allions soigner les blessures d'amour, les nôtres comme celles des autres. Mais nos âmes resteront étroitement liées et sauront se retrouver pour s'abreuver de lumière. Souviens-toi que l'Amour est une merveilleuse puissance de guérison !

— Est-ce là la clé dont tu parlais lors de notre première rencontre ?

Ma question reste une nouvelle fois sans réponse... Je repense à ces blessures d'Amour dont Virgile vient de parler et j'écoute ce fracas intime, ce message vivant qui émerge de mes profondeurs. J'en ai soigné certaines lors de mon cancer, mais l'une d'entre elles reste béante et j'ai besoin d'aide pour la guérir...

Le bateau fantôme

Dans la nuit vibrante, je guette les mouchetés de la pénombre, l'approche de l'aurore avec ses hémorragies de gris étain, de violets inédits, d'orangés flamboyants. Je contemple les nuages et les lumières dialoguer avec le pelage de la terre. Mon cœur s'apaise, comme un chien qui se couche à nouveau après avoir aboyé de peur en entendant l'orage. Il semble comprendre qu'il lui suffit d'attendre, et de demander pour recevoir.

— Tu veux me parler d'Antonin, cet ami d'enfance qui a été ton premier amour ? répond Virgile à ma question silencieuse.

— Une histoire d'amour magnifique, même si Antonin n'était pas mon âme sœur.

— C'était une âme compagne, un précieux compagnon de vie qui t'a rendue heureuse, Céleste. Il avait un rôle d'ange gardien à jouer à ton égard, mission qu'il n'a pu mener à bien jusqu'au bout.

— Sa disparition en mer nous a anéanties Lou et moi. J'aimerais savoir ce qui s'est passé et si je peux le rencontrer ici, au Pays éternel ?

— Je savais que tu allais m'adresser cette requête. J'en ai parlé à Celui qui est plus grand que moi. Il a choisi de t'offrir ton premier voyage astral. Es-tu prête à remonter le temps et l'espace ?

J'acquiesce et me sens happée par un puissant tourbillon. Nous survolons des contrées invisibles, puis nous posons dans une ville en bord de la mer, Galway, en Irlande.

— Souviens-toi, Céleste, qu'un esprit qui a quitté son corps ne peut plus avoir la moindre action sur la matière. Tu peux tout au plus influer sur un autre esprit. Mais dans ce que tu vas vivre, tu ne pourras pas communiquer avec Antonin, ni changer l'évolution des choses. Tu vas juste comprendre ce qui s'est passé ce jour noir de décembre. Peut-être aussi lui permettre de devenir autre chose qu'une âme errante…

Bouleversée, j'aperçois Antonin qui marche dans une rue devant moi. Je ne peux m'empêcher de l'appeler et de courir vers lui.

— Il ne peut ni te voir, ni t'entendre. Suis-le simplement, intervient Virgile.

Antonin s'arrête devant une plaque en cuivre où je peux lire le nom d'un médecin. J'entre à sa suite dans la salle d'attente. Il est toujours aussi beau, mais plus mince et fatigué que dans mon souvenir. Ses yeux verts sont cernés, ses traits tirés, sa barbe et sa chevelure en bataille, comme s'il avait passé de mauvaises nuits. Il entre dans le cabinet du médecin qui consulte des radios du cerveau sur un négatoscope.

— J'ai de mauvaises nouvelles pour vous. Vos migraines, vos pertes d'équilibre et vos troubles visuels sont dus à cette tumeur de la taille d'une grosse noix. Elle est malheureusement inopérable et le nerf optique est déjà touché. Vous allez progressivement perdre la vue, puis ce sera l'atteinte de vos zones motrices, verbales et respiratoires.

— Combien de temps me reste-t-il avant de devenir ce légume ? Je dois ramener mon bateau à La Rochelle où ma femme et ma fille m'attendent.

— Cela peut aller vite. Quelques semaines, au mieux quelques mois ! Mais impossible de prendre la mer dans votre état. Laissez votre bateau et prenez l'avion, ce serait suicidaire de naviguer en solitaire…

Antonin entre dans un pub, demande au barman une Guinness, un irish stew[8] et une feuille de papier. Il touche à peine à son plat et se met à écrire avec difficulté car des tremblements agitent sa main et des larmes glissent sur son visage.

Mes Oiselles,

Un passager clandestin s'est installé dans mon cerveau. Une sorte d'Alien qui me grignote de l'intérieur et qui a comme projet de me transformer en légume.

Je ne veux pas vous imposer cette lente dégringolade en enfer et devenir une épave qu'il vous faudra décider un jour prochain d'envoyer par le fond.

Je prends la mer cette nuit et ma fidèle Odyssée *sera mon dernier lit.*

Pardon pour ce naufrage décidé sans vous, pour ce départ sans adieux !

Prenez soin de vous mes Oiselles, vous êtes mes Amours éternels…

Antonin

Il se lève, jette un billet sur la table, sort dans la rue et va poster sa lettre.

Il entre dans une cabine téléphonique et cherche à me joindre. Mais ce soir-là nous sommes à l'arbre de Noël organisé par l'hôpital et j'ai oublié de brancher le répondeur.

D'un pas pesant, Antonin regagne le port et largue les amarres. La nuit est tombée, le vent s'est levé et la mer est mauvaise. De grosses vagues montent à l'assaut du bateau qui vient de dépasser les îles d'Aran. Antonin laisse derrière lui la petite île d'Insihear où il a fait une escale heureuse quelques jours auparavant. Il fonce droit sur l'îlot Noir, là où les abîmes sont profonds.

Il se met à chanter de sa voix grave de baroudeur des mers, lance les moteurs et va s'écraser contre les récifs…

Nous sommes revenus sur le banc de pierre et je laisse les larmes diluer ce chagrin que je porte en moi depuis plus de vingt ans. Puis les questions reviennent…

— Pourquoi n'avons-nous jamais reçu cette lettre ? Pourquoi l'épave de *L'Odyssée* n'a-t-elle jamais été retrouvée ?

— L'adresse était incomplète, juste ton nom et celui de votre rue. Pas de ville indiquée pour guider le service postal irlandais ! Antonin ne s'est jamais pardonné son abandon de poste et il est devenu une âme errante sur son bateau fantôme. Certains jours de grosse tempête, des pêcheurs d'Aran disent entendre une belle voix de basse chanter en français. Il a besoin de votre pardon pour pouvoir partir vers un au-delà apaisé…

Le visage triste d'Antonin se pose sur un nuage. Je lui souris tendrement.

— C'est moi qui ai envie de te demander pardon. Pardon pour t'avoir emprisonné toutes ces années dans mon chagrin. *« L'amour, c'est l'aile que Dieu a donnée à l'homme pour monter jusqu'à lui »*, disait Michel-Ange. J'ai utilisé la part manquante de cet amour pour te couper les ailes, pour te retenir près de nous.

Tu peux quitter le pays des ombres, et t'envoler vers ta lumière.

Bon vent mon Aimé !

La magnifique voix d'Antonin s'élève alors vers le ciel. Une voix profonde, enrouée à force de s'être frottée aux récifs pour affronter les tempêtes.

Elle est emplie de pleurs, de gémissements, de mots perdus, mais aussi de rires.

Un chant qui, en épousant tout de notre vie, ses caresses comme ses âpretés, devient une musique de libération et de gratitude…

Des nouvelles de la Terre

Une question me ramène vers l'écho lointain du monde. Dans un effleurement d'âmes, Virgile est là, à mes côtés.

— Qu'as-tu besoin de me demander, Céleste ?

— J'aimerais savoir ce que deviennent ma fille Lou, mon ami Gabriel et mon chat Ramsès ?

— Trois questions en une, s'amuse Virgile. Cherchons dans la Banque à images la dernière fois où ils ont été réunis.

J'ai l'impression d'être au cinéma, assise sur un nuage, avec un projectionniste capable d'éteindre le soleil et de lancer le film sur l'écran du ciel.

Je retrouve mon Vivoir. Ramsès est installé sur les genoux de Lou, qui pleure dans les bras de Gabriel. Les yeux de Ramsès fixent alors le plafond. Il s'agite et il se met à miauler. Incroyable, il miaule des paroles que je comprends !

« Ma Princesse, tu es là ? Regarde comme mon pelage et ma bedaine sont tristes sans toi. Je boude ma gamelle dans ton Vivoir devenu boudoir !

Reviens ma Tourterelle, je m'étiole sans tes caresses… »

— Eh oui, Ramsès parle. Avec tes nouvelles capacités extrasensorielles, tu peux maintenant capter ses images mentales et le comprendre ! C'est l'un de tes anges gardiens, ajoute Virgile. Votre rencontre dans cette poubelle de banlieue ne doit rien au hasard. Tu as cru que tu sauvais un pauvre matou torturé par des malfaisants, alors que tu venais de trouver un messager du monde invisible. Un papyrus égyptien affirme que *« lorsque tu penses, le chat lit en toi avec le regard des dieux »*.

Précieux auxiliaires de notre inconscient, les chats sont à la fois émetteurs et récepteurs d'informations. Ils voient et entendent les disparus, détectent les maladies, soignent par leurs ronronnements. Ils sont capables de faire des milliers de kilomètres pour retrouver ceux qu'ils aiment, parfois de se laisser mourir pour les rejoindre dans l'au-delà…

Sur l'écran, le film redémarre. La porte du Vivoir s'ouvre et Emilio entre. Ma fille saute dans ses bras et ses sanglots redoublent. Je ne peux entendre tout ce qu'ils se disent, juste quelques phrases.

— Emilio, nous allons retarder notre mariage. Je veux attendre le retour de Maman.

— Et si elle ne revient pas ? Cela fait déjà plus de quinze jours qu'elle est dans le coma.

— Impossible Emilio, elle a promis de ne pas m'abandonner. Mam va revenir…

Une joie immense m'envahit. Ma fille est heureuse, elle va se marier et elle m'attend ! Il est temps de repartir sur Terre. Virgile sourit, puis pose la question qui fâche.

— Revenir pour faire vivre quelle mission, Céleste ? Si tu n'as pas la réponse à ma question, c'est que ta quête n'est pas terminée…

— Mais je connais ma mission, elle est inscrite sur ma carte de visite : « *Bonheuro'thérapeute* » ! Je me bats depuis trente ans pour offrir du bonheur aux autres en leur faisant découvrir leur richesse et leur potentiel.

— Et trente ans que tu fais passer les autres avant toi ! Ce n'est pas uniquement pour le bien-être des autres que tu dois repartir, mais pour vivre et trouver la sérénité de ton Soi sacré. Celle offerte par ton âme rayonnante, cette flamme intérieure sans laquelle on erre sur Terre, sans but ni raison. Ton bien invisible le plus précieux…

— Difficile pour moi d'être heureuse si ma fille est malheureuse !

— C'est sa vie, Céleste. Tu sais qu'elle n'a pas besoin que tu la protèges ou la sauves du malheur, mais que tu la laisses faire ses expériences pour découvrir sa puissance. Il te suffit d'être cette source d'amour où elle peut venir s'abreuver, au lieu de chercher à lui donner parce que tu penses qu'elle a besoin de recevoir.

Tu as juste à te mettre au gouvernail de l'Amour. Un amour sans attentes, totalement gratuit, absolu, illimité. Et qui n'est pas qu'un sentiment, mais un état d'être, voire la substance même de la Création. Si tu lui laisses prendre la première place, si tu en fais un mode de vie, l'Amour prend tout son sens… et ton existence aussi ! Il devient ce cocon lumineux où tu peux te détendre, t'accueillir tendrement telle que tu es, avec toute la splendeur de ton cœur. Car comment aimer et être aimé si tu ne t'aimes pas toi-même ?

— J'ai pourtant l'impression que la maladie m'a appris la douceur et la tendresse à mon égard !

— Tes cellules malades t'ont raconté tous ces minuscules renoncements à toi-même. Toutes ces fois où tu as dit « non » à tes élans créateurs, où tu as freiné ton potentiel pour te recroqueviller à l'abri de ta coquille, dans cette identité familière. Et tu as progressé… Mais est-ce que tu t'émerveilles chaque matin de t'avoir TOI dans ta vie ? Ou as-tu encore besoin d'objets, de personnes extérieures pour ouvrir ton cœur et célébrer la communion avec tout ce qui est ? Besoin, par exemple, d'être avec ton âme sœur pour être heureuse ?

Un immense et tendre sourire balaie le visage de Virgile, tandis que mon âme palpite comme un oiseau fragile tombé du nid en le voyant disparaître une nouvelle fois…

La mission

À chaque lever de soleil, j'accueille la lumière, la légèreté de l'air, le bleu étincelant du ciel, l'eau murmurante et le vert mousse qui sertit les berges. En écoutant le battement de tambour de mon cœur, j'attends en moi la naissance de ce frémissement étrange fait d'appartenance et de rédemption.

Je me nourris de toute cette splendeur offerte, mais j'apprends aussi l'émerveillement de l'instant présent venu de l'intérieur. Tel un bourgeon qui contient déjà la feuille repliée en son sein, je découvre que je viens du dedans. Je suis la Vie, qui vient créer de la vie en participant au monde. Si le petit monde des pensées et des croyances est limité, dans l'infini de l'âme et du silence tout est possible. Car le Paradis n'est pas un lieu, mais un état d'âme, et je m'approche doucement de cette part divine en moi. Celle dont la douce voix de Mona me parlait lors d'un de ces songes étincelants que je fais depuis que je suis ici.

— Demande, Céleste ! Ose demander le grand, l'immense, l'inattendu ! Nous sommes là pour te donner la réponse de Lumière. Elle seule peut pénétrer ta matérialité et la faire devenir sacrée. Pour rétablir ce contact avec la Source divine, imagine cette eau céleste rayonnante d'Amour descendre dans ton cœur pour le purifier. Devenir cette lumière qui va guider ton intellect pour lui éviter les pièges, les obstacles sur ta voie. Pénétrer ton âme pour qu'elle se dilate aux dimensions de l'univers. T'unir à tout le Vivant pour te fondre dans l'immensité de cette Vie divine qui est toute-puissance…

Puis le doute insidieusement revient ; avec toutes ses questions empoisonnées, celles que je pose à Virgile.

— Comment vais-je réussir à faire cela et à ne pas oublier cette précieuse part de moi-même en revenant sur Terre ?

— J'ai envie de répondre à ta question par une autre question. Celle que l'on posa un jour au peintre Matisse : *« Croyez-vous en Dieu ? »* et à laquelle l'artiste répondit : *« Oui, quand je peins. »*

À quels moments dans ta vie, Céleste, as-tu été en contact avec ta part divine ? Qu'est-ce qui t'as fait te sentir profondément vivante, rendue heureuse et donné du sens à ta vie ?

— Ces moments intenses, je les ai vécus durant mon enfance avec Mona à l'île de Ré, sur *L'Odyssée* avec Antonin, à la naissance de ma fille et lors de nos partages intimes à cœurs ouverts. Mais aussi quand je peux aider des patients à grandir, quand j'écris des livres, quand je suis immergée dans la nature ou en contact avec les animaux.

— Et à quels moments as-tu l'impression de perdre ce précieux contact ?

— Quand je travaille trop, quand je privilégie l'avoir à l'être, quand je m'oublie dans les problèmes des autres, que je réponds à leurs besoins au détriment des miens…

— Fais silence, laisse-toi réentendre cette part de toi, recevoir cette onde inaudible dans le tumulte de ta vie terrestre. C'est souvent dans les petits riens de la vie que réside le grand Tout. Mais ces choses essentielles sont comme des animaux sauvages effrayés par l'agitation et qui s'enfuient. Quand la paix revient, elles peuvent s'approcher pour t'éclairer.

— J'ai bien compris que cet épisode de coma, ce séjour au Pays éternel est une opportunité que vous m'offrez pour m'entendre et me trouver. Disparaître aux yeux de tous pour mieux ressurgir aux miens…

— Et pour que tu puisses répondre à cette question : *« Qu'est-ce qui fait vibrer mon âme, cette corde à nulle autre pareille ? Qu'est-ce qui me donne envie de jouer ma musique pour faire danser tout mon être ? »*

Un sage[9] a dit un jour : *« Lorsque le feu intérieur est éveillé telle une passion divine, nous accomplissons des choses puissantes et magnifiques. Nous devenons la forme même de l'Amour. »*

Le choix

Le crépuscule dépose sur l'onde des nuances pastel tandis qu'en face de moi, la lune se lève, pleine et majestueuse. Je me sens effleurée par une émotion essentielle, mélange d'émerveillement, de gratitude et de simplicité.

Face à cet enchaînement miraculeux de ce qui nous précède et de ce qui nous emmène, je remercie... Même si je ne sais pas ce que sera cette nouvelle vie, j'ai choisi de repartir vers elle pour incarner plus pleinement celle que je peux devenir. Il m'appartient d'y voir un crépuscule ou une aube à venir, une séparation ou des retrouvailles à espérer...

— Ce n'est pas encore le moment du départ, Céleste. Tu es attendue pour un grand rassemblement des familles d'âmes. Tu vas pouvoir visiter le Haut Astral et y faire des rencontres qui vont guider ton chemin. Ne cherche pas à savoir ce qu'est ce rendez-vous, mais laisse-toi le ressentir. Oublie l'énergie de ton mental, détends-toi, respire avec le cœur. Ta conscience pourra alors s'élargir pour lever le voile et répondre à ces questions :

« Qui suis-je ? À quelle famille d'âmes est-ce que j'appartiens ? »

Laisse ton âme vibrer de l'énergie de la reconnaissance, et s'associer à sa famille céleste, celle qui t'aidera à faire descendre le Ciel sur la Terre.

Un étrange arc-en-ciel est apparu dans la nuit étoilée et nous volons vers lui. Nous traversons le spectre des couleurs qui ressemble aux chakras du corps où je sens ma condition humaine s'unir à ma dimension divine. Ma gorge se met à chanter le mantra originel AUM dont le son vibre dans mes cellules, me reliant au Tout. L'Amour y circule plus fort m'inondant d'une force fluide.

Dans une prairie de lumière, j'aperçois un rassemblement de personnes formant différents cercles. Nous passons de groupe en groupe, et Virgile fait les présentations :

— Voici la famille des **Maîtres**, des pionniers qui montrent la voie, initient le mouvement et le changement, dans l'amour et l'humilité. La famille des **Guérisseurs** a pour mission de porter le fluide la guérison et de la prodiguer sous toutes ses formes. La famille des **Chamanes** aide la planète Terre à vivre une guérison et à aligner ses vibrations. La famille des **Enseignants** garde et transmet la connaissance. La famille des **Guerriers** protège la Lumière et l'univers des âmes. La famille des **Passeurs** aide les âmes à franchir différentes étapes et leur sas vibratoires : enfance, adolescence, vie amoureuse, maladie, mort… La famille des **Artistes**…

Je n'entends plus ce que Virgile me dit ensuite. Une lumière violette teintée de blanc m'inonde. Tous mes sens se réveillent. Je vois la lumière, je sens la chaleur, j'entends une musique apaisante, je goûte la saveur de l'air et je touche chaque personne du groupe des Passeurs. Comme si mon âme disait : *« Enfin, j'ai retrouvé les Miens ! »*

Je ne sais combien de temps s'est écoulé, ni ce qui s'est dit au pays de l'Arc-en-ciel, je sais seulement que j'y ai trouvé ma mission. Que je m'y suis sentie accueillie, aimée, adoubée. Que mes questions sont devenues réponses, et que mes peurs ont cédé la place à l'Amour…

Nous sommes de retour sur le banc de pierre au bord de la rivière argentée. Le temps de la séparation est maintenant tout proche.

L'écran du ciel se rallume et ma vie y est projetée en accéléré. Je revois les visages, les situations du passé, les joies et les peines, mais découvre aussi quelques images resplendissantes venues du futur.

— Naître, s'étonner, s'émerveiller, grandir, prendre des coups, en esquiver d'autres, parfois tomber, se blesser, guérir, mûrir, avancer…

Apprendre à chaque instant à respirer avec le cœur pour laisser la vie s'y faufiler, vaste et libre, toujours prête à recommencer. Tu sais maintenant Céleste qu'il ne suffit pas de naître, et qu'il t'appartient de renaître à l'essentiel ! Tu vas oublier ces images entrevues du futur, tu as à le construire en devenant l'Amour en action…

Je tends les bras pour que Virgile me serre une dernière fois contre lui. Et c'est comme si je me fondais dans une boule de feu qui ne brûle pas, mais m'emplit d'une lumière d'un blanc très pur. Comme si j'entrais dans un cœur vibrant, palpitant, rayonnant, où tout n'est qu'Amour. Comme si nous étions reliés par des milliers de filaments à de multiples univers visibles et invisibles.

Les messages de Virgile me traversent comme le vent pour se poser en mon âme : *« Partout où tu iras nous serons à tes côtés, invisibles, et tu ne seras plus jamais seule… Partout où tu iras, le Paradis sera avec toi, et tu feras de la Terre le plus bel endroit du Ciel… »*

Puis l'effet vortex se déclenche. Je suis aspirée dans une spirale de lumière emplie de douceur, comme un cocon protecteur. Je traverse des zones d'ombre où des voix semblent m'appeler, cherchant à me retenir. Le tourbillon s'accélère et j'entre dans la salle froide et impersonnelle de l'hôpital. La spirale devient violette et dorée, se pose au sommet de mon crâne, au niveau de mon septième chakra, ce lotus aux mille pétales.

J'ai alors l'impression de sauter dans l'eau glacée. La respiration presque coupée, je retrouve mon enveloppe charnelle, étroite, douloureuse, inconfortable. L'intérieur de mes paupières devient incandescent tandis que je perçois la chaleur tendre d'une main posée sur la mienne.

Une main que je reconnais et qui me fait tout oublier. Je peine à entrouvrir les yeux, puis les referme, car ils sont meurtris par la lumière. Mais j'ai eu le temps de reconnaître la crinière flamboyante et les yeux d'émeraude. De mes lèvres gercées glissent mes premiers mots :

« Je suis de retour, ma Lou… »

ACTE III :
LA LICORNE GOURMANDE

« On n'a pas choisi de naître. Le seul choix qui nous appartient en propre, c'est de renaître, après un drame, au lieu de se laisser couler [...]. Les habitants du pays de la deuxième chance ont un drôle de regard. Leurs yeux ressemblent à ceux des marins revenus d'une tempête. Ils s'étonnent et sourient. »

Erik ORSENNA

Retour à la vie…

« Honorez l'espace entre "plus jamais" et "pas encore". »
Nancy Levin

Octobre étend sur la ville de pierre son manteau à étouffer les rêves. Je suis revenue au bord de la vie, pas encore dans la vie.

Je n'ai plus peur ni de la mort, ni d'aucune nuit, car elles sont toutes habitées du souffle de l'âme de Virgile. Elles sont devenues des refuges attendus qui me délivrent de son absence. Chaque soir, allongée dans mon lit, j'attends que le monde bascule pour me précipiter vers cet Amour insondable. Pour traverser ce miroir qui cache la porte vers un autre monde. Un monde apaisé et resplendissant où vivent encore les âmes aimées…

Ramsès 3

Ma Princesse est de retour dans un corps qui semble avoir rétréci au voyage. Son âme en déborde de toutes parts, s'enfuit parfois, revient à tâtons. Et quand elle pose sur moi son regard des profondeurs, j'y vois passer des morceaux de ciel étoilé. Parfois son sourire devient mouillé et ses bras m'appellent pour un câlin silencieux. Elle me raconte alors sa moisson d'Amour au pays des anges, la déchirure du retour, ce vide immense qu'elle se refuse à combler. Je lui chuchote un pêle-mêle de petits bonheurs, qu'elle laisse passer sans les attraper.

— Merci mon Ramsès, mais pour cesser de souffrir, je dois faire le vide dans ma tête, dans mon cœur, qu'elle me répond.

Mais je sais que là, elle a tout faux ! Si le sens a perdu son sens, il suffit de le remettre dans le bon sens, celui de la Vie ! Je me branche alors sur son aura pour réparer ses fuites à grands coups de ronronnement. J'apprends la patience, et deviens Super Zen le chat. Instructif, certes… mais pour ma prochaine vie, je demande de l'aventure, du sexe, et encore du sexe !

Clara

Mon corps est en pleine forme. Je n'ai plus aucune cellule cancéreuse. Mes plaies qui refusaient de cicatriser, les escarres dues aux trois semaines de coma ont disparu comme par miracle. Mais mon esprit va mal et part à la dérive. Je reste immobile, laissant les heures se dissoudre. Je regarde danser la poussière en colonnes scintillantes tandis que le soleil fait le tour de l'appartement, glissant d'une fenêtre à l'autre. J'attends le coup de fil du soir d'Iseult pour raconter ce rien, ce désert qui refuse de reverdir.

Elle évoque cette « nuit noire de l'âme » qui semble toucher certaines personnes en quête de spiritualité.

— C'est comme un voyage au bout de la nuit qui raconte une perte profonde de sens, une sorte de dépression de l'âme qui s'accompagne parfois d'une plongée au cœur des peurs les plus profondes.

— Ce n'est pas mon cas, Iseult. Je n'ai plus de peurs, mais je suis happée par un abîme de tristesse, de solitude, de manque. J'ai beau me dire que je vis une transformation intérieure, que mon ego se meurt et que mon « vrai Soi » s'éveille, je me sens engluée dans ces ténèbres. J'ai l'impression que le sol se dérobe sous mes pieds, que je n'ai plus rien de solide à quoi me raccrocher.

Tout semble se dissoudre dans une sorte de brouillard glacé que personne autour de moi ne voit ni ne peut comprendre. À part toi ma douce amie. Je ne sais plus comment retrouver la lumière et la sérénité du Pays éternel.

— Tu es pourtant bien en route vers cet autre état d'être, mais tu n'acceptes pas l'intensité de ce que tu vis, tu le vois comme un échec. Souvent les psys ne se donnent pas le droit d'aller mal, de demander de l'aide. Ils pensent pouvoir s'en sortir seuls avec tout leur savoir sur l'âme humaine. Joue la carte de l'humilité et lâche cet ego tyrannique. Donne-toi la permission de sortir du contrôle, du déni émotionnel et de pleurer. Ose exprimer l'intolérable pour laisser l'obscurité se dissiper. Même quand la vie nous propulse dans de sombres vallées, elle nous conduit encore vers la lumière. Souviens-toi de cette phrase de Joseph Campbell : *« C'est des ténèbres les plus épaisses que jaillit la lumière. »*

À condition de garder confiance en ta force intérieure, en cette nouvelle vie offerte. Tu as su le faire durant ta maladie en ouvrant ton cœur, en acceptant au lieu de refuser. J'ai lu un jour qu'une autre façon de refuser, c'est de ne pas être prête à accueillir ce qui vient. Et ce qui vient le sait, et alors s'en va, sans t'avoir abordée !

Un long silence s'installe… Iseult finit par le rompre en me posant une dernière question.

— Qu'as-tu besoin de demander pour retrouver ta puissance et ta sagesse intérieure ? Si tu demandes, l'invisible t'apportera cette énergie universelle, celle qui mettra en marche une chaîne d'évènements, de coïncidences heureuses pour que tu deviennes cet Amour en action que tu rêves d'être…

Le lendemain, je ferme l'appartement pour une durée indéterminée et avec Ramsès, nous prenons la clé des champs. Destination la Licorne bleue pour m'enrouler dans la tendresse de mes amis, accepter de demander, afin de me remettre au diapason de l'Univers et m'aligner sur l'Âme du monde…

Le pays de la Seconde Chance

« Dès que tu commences à marcher sur le chemin,
le chemin apparaît. »
Rûmi

Je me sentais à l'abri à la Licorne bleue[10]. Sans regrets, sans attente, sans espérance, sans douleur, presque sans pensées. Juste être là… Je flottais, me posais, m'envolais à nouveau dans un entre-deux duveteux pour revenir ensuite m'abreuver de vie. Mes yeux et mes oreilles se posaient partout, sans chercher à rien retenir. Je croquais les bruits, les conversations, les ciels, les souffles d'air chaud venus du jardin. Des semaines aériennes pour accueillir les impulsions animales de mon corps, tour à tour tempête et oasis. Puis est venu un mystérieux scintillement intérieur, une soif de vie paisible et une immense gratitude.

Ramsès 3

Je suis en vacances d'ange gardien, Iseult et Max assurent l'intérim. Des vacances bien méritées après toutes ces émotions !

Avec Plume, la chatte de la maison, nous faisons ce que nous préférons le plus au monde, jouer, manger et dormir. Pour ça, la Licorne bleue, c'est un quatre-étoiles ! Max adore cuisiner et il mitonne plein de petits plats trop grands qui finissent dans notre gamelle. Au menu d'aujourd'hui c'était hachis parmentier au canard confit et flan à la noix de coco. Après j'ai battu tous mes records de sieste : cinq heures !!! Demain, c'est poulet fermier aux cèpes. Alors je me prépare pour dépasser mon record du jour… en dormant !

Clara

Les chats ronflent en stéréo dans leurs paniers, le piano de Max égrène les *Gymnopédies* de Satie, tandis que nous bavardons à cœur ouvert avec Iseult au coin de la cheminée. Mon corps repu de bonnes choses accepte que la paix se pose à tâtons sur les paroles de mon amie.

— Parfois l'on pense que tout s'écroule alors que les choses sont simplement en train de prendre leur juste place. Mais quand ce qui nous dépasse paraît au-delà de nos forces, nous pouvons choisir de nous en remettre à une force au-delà de nous-mêmes. Déposer le fardeau devant soi, et demander à la Vie, à Dieu, à l'Univers, à l'Énergie, au Grand Tout, peu importe comment on l'appelle, demander à plus grand que soi de s'en occuper et de nous éclairer. Accepter avec humilité de devenir le sujet de son Amour. Et par l'ouverture ainsi créée, laisser se tisser la Voie que nous pouvons suivre…

Avant de m'endormir, je visualise ce fardeau douloureux et le dépose près de la fenêtre ouverte sur le silence nocturne habité de la Licorne bleue. Apaisée, je me laisse glisser vers des rêves emplis de douceur.

Le chemin s'est ouvert quelques jours plus tard. Octobre et ses odeurs de fruits tombés s'achevait. Nous regardions le crépuscule bleu s'installer, en dégustant un verre de vin blanc de Gascogne sous l'auvent du jardin. J'étais bien, enfin presque bien. J'ai soupiré…

— Virgile m'a laissée dans un monde vide de lui, mais sa voix résonne plus fort en moi depuis mon arrivée chez vous. C'est vrai que nous ne sommes pas loin de sa région natale, le Béarn.

— Où habitait-il ? demanda Max.

— Je ne sais pas exactement, à proximité des Pyrénées…

— Avec son nom, son année de naissance, nous devrions facilement trouver plus d'infos. Je vais appeler mon ami Raymond, un flic à la retraite passionné de généalogie qui sera ravi de nous faire profiter de ses talents.

Trois jours plus tard, les précieux renseignements arrivent.

— Virgile Montégut, né le 14 avril 1860 et décédé le 4 mai 1897. Marié avec Sophie, ils ont eu deux enfants, Marie et Louis. Sophie et Marie sont décédées en 1896.

— Tout ça nous le savions déjà, Max ! Dis-je un peu déçue… Sait-on ce qu'est devenu Louis ?

— Quelle impatience ! Attends la suite… Louis s'est installé aux États-Unis en 1920. Il a eu trois enfants, deux filles et un garçon. Ils sont tous aujourd'hui décédés. Son seul descendant est un petit-fils né en 1965. Je t'ai imprimé l'arbre généalogique car je me doutais bien que je ne m'en tirerais pas à si bon compte.

— Merci Max ! As-tu découvert où vivait Virgile ?

— À 70 kilomètres d'ici, à Morlanne dans les Pyrénées-Atlantiques.

— J'aimerais bien y aller demain.

— Je m'en doutais ! Non seulement nous allons visiter ce village où je connais un excellent restaurant, mais je t'ai aussi pris un rendez-vous chez le notaire qui pourra t'en dire plus. Malheureusement, l'office est fermé pour les fêtes de la Toussaint et il te faudra attendre la semaine prochaine pour le rencontrer.

Le lendemain, il pleut à verse. Les Pyrénées sont cachées dans les nuages. Le bourg médiéval paraît désert et triste. Nous descendons la rue principale, dite « carrère du Château » où se trouve le restaurant gastronomique repéré par Max. Fermé ! Nous sommes glacés et avons bien besoin de nous réchauffer. En face, une enseigne colorée *Le Bouquin gourmand* nous attire. Nous entrons dans un charmant salon de thé-librairie où une jeune femme s'affaire derrière un haut comptoir. Nous nous installons près du poêle et choisissons un thé gourmand. Venant de la cour entre une femme souriante, portant un plateau chargé de pâtisseries encore tièdes. Nous nous regardons, incrédules, tandis que nous nous écrions en même temps : « *Clara ! Claude !* »

Max qui a évalué le péril, rattrape au vol le précieux chargement tandis que j'explique les raisons de nos exclamations.

— Je vous présente Claude. Je l'ai rencontrée il y a plus de dix ans lors d'un de mes stages de gestion du stress. À l'époque elle était DRH dans une entreprise d'aéronautique. Je suis redescendue plusieurs fois animer des stages de communication pour sa société. Nous avons sympathisé et souvent déjeuné ensemble. Puis nous nous sommes perdues de vue. Comment es-tu arrivée ici ?

— Tu connaissais ma passion pour les livres, la cuisine et les relations humaines. Mais ma vie professionnelle était devenue trop stressante, et j'ai profité d'un plan social pour réaliser l'un de mes rêves : ouvrir un lieu convivial où les gens pourraient se poser, se rencontrer, savourer ce précieux temps présent dont tu nous parlais si souvent. Et toi, que fais-tu ici ? Ce n'est pas la meilleure période pour visiter la région !

Les thés et les gâteaux se succèdent à notre table tandis que je raconte ce qui m'amène. Claude, installée au village depuis seulement quelques mois ne peut éclairer ma lanterne. Lors du retour en voiture, j'entends Iseult murmurer l'une de ses phrases favorites de Paul Éluard : *« Il n'y a pas de hasard, il n'y a que des rendez-vous. »*

Puis j'entre dans le temps de l'attente. Plus mon impatience grandit, plus les jours semblent s'immobiliser. Vient enfin l'heure du rendez-vous. L'office notarial n'est pas à Morlanne mais dans une petite ville voisine. Je m'attendais à y rencontrer un vieux monsieur chenu dans un bureau sombre et encombré. C'est une femme à la quarantaine assertive et dynamique qui me reçoit dans son bureau moderne. Mon courriel lui a permis de préparer le dossier et d'anticiper mes questions.

— L'ancienne maison de famille Montégut est située au cœur du village. Elle a été vendue par Louis en 1939, date de son dernier séjour en France. Elle a ensuite été achetée et revendue six fois.

— Pourquoi toutes ces ventes successives ?

— Inutile de vous mentir et d'enjoliver les choses ! Cette demeure est très belle, mais les villageois disent qu'elle est hantée. Les différents propriétaires se sont plaints de bruits étranges, de pleurs, d'objets disparus, de portes et de volets qui claquent mystérieusement. Elle est maintenant inoccupée depuis une dizaine d'années et ne trouve pas d'acheteur malgré son prix très raisonnable. Si vous le souhaitez, ma collaboratrice peut vous la faire visiter cet après-midi.

Le rendez-vous est fixé à 15 heures au Bouquin gourmand où je file déjeuner avec Claude. Le beau temps revenu nous permet une promenade digestive dans le village encore fleuri qui révèle tout son charme. Le parc du château nous offre son somptueux panorama sur la plaine et la chaîne des Pyrénées. Un camaïeu de ciels lapis-lazuli semble se tenir en équilibre sur la crête enneigée des montagnes.

Nous savourons ce moment privilégié où la beauté et le silence s'emparent de l'âme pour accomplir cet acte essentiel, naître à soi-même…

— C'est beau, n'est-ce pas ? Quand j'ai un coup de grisou, c'est là que je viens pour accepter toute la largeur de la vie, pour remettre un peu d'éternité dans mon présent.

Puis mon amie reprend son rôle de guide, sans doute pour repousser le temps des confidences. Elle est comme ces fleurs qui se ferment quand on les touche trop vite. Comme le renard du Petit Prince, elle a besoin d'être apprivoisée pour montrer ses blessures secrètes.

— Morlanne veut dire « sommet sur la lande ». Cette forteresse de pierres et de briques a été érigée sur la motte castrale en 1373 par Gaston Fébus. Elle joua un rôle important pendant la guerre de Cent Ans, la Gascogne anglaise n'étant qu'à 13 kilomètres d'ici ! Ce seigneur a veillé à la prospérité et à la protection du village. La carrère, cette voie qui va du château à l'église fortifiée du XIVe siècle, était fermée à chaque extrémité par des portes aujourd'hui disparues. On y trouve encore de belles demeures préservées des XVIIe et XVIIIe siècles. Sans doute l'une d'entre elles était-elle celle de ton cher Virgile.

Claude a raison. La maison, construite en 1780, n'est qu'à quelques centaines de mètres de là. Elle est grande, harmonieuse, lumineuse, mais pleine de mélancolie. En poussant le portillon, j'ai l'impression qu'elle me chuchote des mots de solitude et de bonheur enfui. Le jardin semble avoir abandonné tout espoir d'être visité. Les vieux arbres du verger, à l'arrière de la bâtisse, sont envahis de lierre, les arceaux de la roseraie désertée sont dévorés par la rouille et les rosiers s'étiolent sous les ronces. J'ai lu un jour que les maisons meurent de tristesse quand leurs habitants sont partis. Mais celle-ci n'est pas morte, juste endormie. Il m'appartient peut-être de lui offrir le baiser d'Amour qui va la réveiller.

J'appelle Gabriel pour lui demander s'il peut venir me rejoindre, avec son ami Sam l'architecte, afin d'estimer le coût des travaux à effectuer. Il rappelle une heure plus tard. Ils arriveront à Pau par le premier avion le week-end prochain.

— Mais que comptes-tu faire de cette maison, elle est bien trop grande pour toi ? demande Claude.

— Ces dernières semaines, j'ai eu le temps de laisser mûrir mon projet. J'aimerais m'installer ici pour écrire, mais aussi pour ouvrir des chambres d'hôtes qui pourraient accueillir les stagiaires lors de mes séminaires de développement personnel. J'ai besoin de rencontrer des gens, mais surtout de moins travailler, d'avoir du temps pour rêver, être en contact avec la nature, vivre au rythme des saisons afin de resynchroniser mon baromètre intérieur.

— C'est un sacré changement de quitter la ville pour la campagne !

— Sacré, le mot est juste. Il s'agit de retrouver ma nature divine. J'ai enfin compris avec le cœur, et non plus seulement avec ma tête, que la vie nous donne tout : des occasions pour grandir et des occasions pour savourer. Des moments pour recevoir et des moments pour rendre grâce. Des évènements pour apprendre et des évènements pour laisser décanter avant de transmettre. Des périodes de remue-ménage intérieur et des périodes de repos. Que les moments de douleur et les moments de bonheur font équipe pour nous faire évoluer, nous apprendre à mieux nous aimer pour devenir Amour, et laisser la vie se déployer pour nous apporter le meilleur.

— Mais tu n'as pas peur d'acheter une maison que l'on dit hantée ?

— Je suis bien accompagnée et je pense que je peux compter sur l'aide de mes anges gardiens. Virgile m'avait parlé de mes nouvelles compétences « célestes », c'est le moment de les tester. Dans le pire des cas, je ne serai que la septième à oser relever le défi ! Mais rassure-toi, je vais prendre l'avis de Gabriel, de Sam et de Lou. En tenir compte, mais pas les laisser décider pour moi. J'ose croire que le temps de la petitesse intérieure et du sentiment d'impuissance est derrière moi. Que les rênes de ma vie sont entre mes mains, que j'ai le pouvoir de dire oui à mes rêves… de dire non à ce qui me pèse… de marcher dans le sens inverse de la foule, quels que soient les jugements des uns ou des autres.

Lou finalement ne viendra pas. Elle a trop de travail au restaurant et la préparation de son mariage en décembre ne lui laisse guère de temps libre.

— C'est ta vie, Mam. Décide ce qui est bien pour toi ! Ceci dit, j'aime beaucoup les photos que tu m'as envoyées. Emilio t'invite à contacter son conseiller pour trouver un montage financier et présenter ton dossier à la banque.

J'ai le cœur qui bat fort en retrouvant Sam et Gabriel à l'aéroport le samedi suivant. Je me rends compte que je suis déjà conquise et très investie dans ce projet. À peine arrivé, Gabriel tombe sous le charme du village, de la maison, surtout du jardin et de l'orangerie en ruines. Sam passe le reste de la journée en relevés, sondages de murs et de charpente, diagnostic thermique et contacts avec les artisans… Nous pique-niquons paisiblement dans le jardin à l'ombre d'un chêne majestueux, bercés par le chant des oiseaux et un soleil ardent qui nous fait oublier que novembre est déjà là.

Le verdict tombe en fin de journée : feu vert ! Le gros œuvre est en bon état malgré la longue inoccupation. Les propriétaires précédents ont fait un excellent travail de restauration, tout en préservant le cachet ancien de la maison. Elle a besoin d'un bon rafraîchissement, d'une nouvelle chaudière, de fenêtres à double vitrage, d'une cuisine fonctionnelle et de deux autres salles de bains au premier étage. Tout cela représente quand même pas mal de sous. Il va me falloir renégocier le prix d'achat et solliciter l'aide du conseiller d'Emilio.

Dans cette aventure, j'apprends l'art de la demande !

Deux semaines plus tard, le montage financier est bouclé et nous pouvons signer la promesse d'achat. Nous avons constitué une SCI dont je détiens deux tiers des parts sociales, Lou et Gabriel se partageant le tiers restant.

Lors de ma maladie, j'avais mis mes affaires en ordre, fait donation de mon appartement parisien à Lou, n'en gardant que l'usufruit. Il va servir de pied à terre lors de mes passages dans la capitale. Seulement un lieu de passage car mes racines provinciales ont repoussé et la grande ville n'a plus beaucoup d'attraits pour moi. J'ai trouvé le lieu de sécurité où j'ai envie de m'ancrer pour y célébrer mes épousailles sacrées avec le Vivant. Mes veines ont besoin de la sève des arbres, de l'eau des rivières, du battement de la mer lointaine, du souffle des vents parfois contraires venus des montagnes. Mais comme cette maison restée trop longtemps abandonnée, je sais que mon corps attend encore son baiser d'Amour pour se réveiller. Je ne veux plus attendre, juste me remettre en route pour laisser ma chair redevenir désirante. Retrouver cette unicité corps-esprit-cœur-âme, pour prendre ma place dans le monde et faire vivre ma mission de passeuse d'énergie. Et je connais un endroit magique où l'on peut choisir de vivre ou de revivre : Venise !

Décembre à Venise

« Nous n'avons que l'amour pour avoir accès au réel. »
Christiane SINGER

À chacune de mes retrouvailles avec la Sérénissime, je déroule le même rituel.

J'arrive par le train de nuit qui me dépose au petit matin à la *stazione* Santa Lucia. Je descends l'escalier de la gare qui plonge dans l'eau brune pour prendre la ligne 1 du vaporetto, celle qui passe de l'une à l'autre rive du Grand Canal. Il accoste, débarque une grappe humaine, en embarque une autre, repart vers le prochain ponton dans un soubresaut bruyant, laborieux, telle une mule aquatique.

À l'avant du bateau, je salue chaque édifice sortant de la brume. Ces façades perdues, noyées, absorbées, qu'une lumière blanche réveille, tel un coup de projecteur. Et c'est comme si un tableau de Turner prenait vie sous mes yeux, faisant vibrer le marbre rose et les fresques délavées des palais. Je m'arrête à la Douane de mer pour prendre le vent du large sur cette proue de pierre. Le vent rabat sur mon visage des gouttes de lagune glacées tandis que je regarde les eaux qui descendent de la Giudecca s'unir à celles du Grand Canal en un courant tourbillonnant. Dans cet endroit de solitude, je laisse se rassembler mes ombres et lumières intérieures.

Je suis maintenant prête à jeter l'ancre et à m'installer dans mon petit hôtel du Dorsoduro. J'ai à peine le temps de poser ma valise, que Lou m'entraîne déjà vers les boutiques dans une course folle. Nous sommes attendues chez sa couturière attitrée qui va réaliser la robe que ma fille m'a dessinée. Je choisis un tissu en velours bleu rebrodé de discrets motifs dorés, un ravissant sac aux reflets irisés et des escarpins vernis. Dans le salon voisin, à l'abri de mes regards, elle essaie sa robe de mariée pour les dernières retouches.

La fatigue du voyage se faisant sentir, les banquettes en velours rouge du café Florian sur la place Saint-Marc nous offrent un temps de repos feutré. Devant un mousseux chocolat chaud servi avec des meringues fondantes, Lou entame le récit des festivités prévues dans le palais de la famille d'Emilio. Plus de trois cents invités sont attendus ce 21 décembre et la réception promet d'être somptueuse. En l'écoutant me faire la liste des plats préparés par son restaurant, je frôle déjà l'indigestion. À moins que ce ne soit les pâtisseries « sublimissimes » que ma fille m'a fait déguster !

Après une courte sieste à l'hôtel, je rejoins le restaurant où Lou orchestre avec aisance sa brigade gourmande. Les consignes fusent en français, italien, anglais, parfois en japonais, car elle a recruté aux quatre coins du monde des amis cuisiniers pour constituer une équipe internationale motivée et soudée.

Le maître d'hôtel m'installe à une petite table intime, devant un feu de bois pour dîner avec les parents d'Emilio. Après un temps d'observation mutuelle, le champagne aidant, les cœurs et les langues se délient. Ils évoquent leur déception lors du mariage sans cérémonie, presque à la va-vite, de leur fils à Washington, leur joie quand leur petite-fille Emma est née, leur chagrin face l'indifférence de sa mère, puis son départ fantasque. Même si je parle peu, la soirée avec mes hôtes est délicieuse. J'aime les écouter évoquer avec passion leur ville, et toutes ces merveilles cachées qu'ils proposent de me faire découvrir. Je décline leur invitation car je préfère musarder le nez au vent dans les quartiers secrets de cette ville-musée. Mais impossible de refuser la journée en bateau proposée la semaine suivante pour explorer la magie des îles abandonnées de la lagune.

Le lendemain, je commence mes errances vénitiennes. Je marche. Je me perds. J'apprends. J'avance d'instinct dans les venelles où des ombres se pressent. J'écoute les pas d'un promeneur invisible, cherchant à distinguer la jeunesse légère ou l'âge alourdi, la démarche étrangère ou familière des lieux. L'air sent la pierre mouillée, l'algue verte et une odeur de vase humide monte des dalles. Emmitouflée dans mon manteau, j'entends l'eau clapoter autour des pontons, tandis que mon regard caresse les reflets moirés qui courent des vaguelettes aux nuages. Je deviens flux et reflux, me laissant traverser par ce courant de vie. La marée sera forte cette nuit. La lune est pleine et le vent voyageur pousse les eaux de l'Adriatique dans les canaux. Elle suinte déjà entre les pierres, remonte par les bouches sur la place Saint-Marc, déborde le long des *Zattere* et s'étend comme un long serpent agile dans les ruelles. L'*aqua alta* est de retour. Ces hautes eaux redoutées qui rongent la ville, effaçant la frontière entre la pierre et l'eau.

J'achète des bottes en caoutchouc rose fluo. Je m'entraîne à marcher à petits pas ancrés sur les chemins de planches glissantes et sur ces passerelles qui surgissent un peu partout. En fin de journée, une étrange sensation s'installe.

Je me sens suivie. Ou plutôt accompagnée. Mais quand je me retourne, je ne vois rien car la nuit est déjà là. C'est le miaulement d'un chat qui me guide. Je devine une ombre rousse qui s'enfonce dans une ruelle. Je pense à mon ange gardien, Ramsès, et décide de suivre cette invitation féline. J'arrive au bord d'un *rio*.

Sur ses eaux sombres, danse l'enseigne lumineuse d'une boutique faiblement éclairée : « *Possibilità*[11] ». Je m'approche de la vitrine et vois écrit en français, en petites lettres dorées, comme sur un ton de confidence : « *Objets de hasard.* » Je pousse la porte et découvre une incroyable caverne d'Ali Baba, tenue par un intrigant personnage. L'homme est pourtant banal au premier abord : la cinquantaine, un dos légèrement voûté qui le fait paraître de taille moyenne. Des cheveux poivre et sel un peu trop longs encadrent un visage pâle où pétillent des yeux vairons, un bleu, l'autre vert. Mais dès qu'il parle, on ne voit plus que ses mains. Des mains fines qui semblent orchestrer les mots que sa voix grave, légèrement râpeuse, mélodieuse et sucrée distille comme à regret. Il est assis dans un confortable fauteuil en cuir élimé, au fond de la boutique, plongé dans un vieux grimoire qu'il ferme dès que je m'approche. À ses côtés trône un imposant samovar, qui sert à toute heure un thé âcre et parfumé.

J'apprendrai plus tard que c'est le seul objet qui lui reste d'une grand-mère russe qui a fui la révolution bolchévique, cachée dans le double fond d'une barque avec son fils, quelques bijoux et sa précieuse vaisselle.

Le chat qui vient d'entrer par une petite lucarne ouverte sur la nuit mouillée, s'installe sur ses genoux et semble m'observer d'un air malicieux.

— Votre chat ressemble beaucoup au mien. C'est un bon génie, je lui dois la découverte de votre boutique ! Comment s'appelle-t-il ?

— Aladin, bien sûr ! Frottez-lui le bout du nez et il vous conduira vers l'objet de vos rêves.

— Difficile car je ne sais pas ce que je cherche… Je voudrais trouver un cadeau surprise pour ma fille qui se marie dans trois semaines.

— Laissez-vous guider par ce hasard qui fait si bien les choses…

Aladin baille, s'étire et saute sur le tapis poussiéreux. Sa queue bat la mesure comme un métronome fou et il me conduit vers les profondeurs de l'échoppe.

En fouinant avec délice, je trouve un délicat éléphant en verre soufflé pour la collection d'Iseult, un jeu d'échecs ancien en bois sculpté pour Max, un étrange instrument de musique pour Gabriel… mais rien pour ma fille.

— Revenez demain. J'attends une livraison où vous trouverez peut-être votre bonheur. Voulez-vous un chaï, belle endormie ?

Je m'installe dans l'autre fauteuil et retire avec soulagement mes bottes neuves. Le thé est fort, trop sucré pour moi, mais sa chaleur détend mon corps fatigué.

— Je me sens bien ici. À l'abri, protégée… Merci pour votre accueil monsieur *Possibilità !*

— Appelez-moi Marco Polo. Comme lui, je suis un découvreur de Merveilles. J'aime collectionner le mystère. Celui des objets, des livres, du vin, des belles dames.

— Moi c'est Clara. Pourquoi m'avez-vous appelée « belle endormie » ?

— La vie met souvent sur mon chemin des femmes mystérieuses qui attendent d'être réveillées. J'ai la passion des voyages, mais je déteste ces « touristes consommateurs » qui submergent Venise aux beaux jours. Début mai, je disparais jusqu'à l'automne pour explorer des terres inconnues, chasser les objets rares, conquérir de belles étrangères. Celles qui ont comme vous ce halo de lumière dorée si particulier, comme si elles étaient entre parenthèses.

Vos pieds aussi sont bavards. Ils semblent protester et refuser de vous enraciner. Quant à vos beaux yeux bleu cassé, ils me donnent envie de les recoller…

Je n'évoque pas ce soir-là mon séjour au Pays éternel, ni mon difficile retour à la vie. Mais chaque jour, je reviens à la *Possibilità* pour découvrir la malle livrée et son contenu de hasard. Et par bribes, je raconte…

Mes journées se répètent, enveloppantes, guérissantes. Je me lève tard car mes nuits sont courtes. J'arpente la ville, les églises, les musées, les palais. J'avale tout, boulimique d'art, de beauté, de lumière, de couleurs, de silence. Les enluminures à la Bibliothèque nationale, les Tintoret, les Canaletto, les Carpaccio, les Titien, les Bellini… Puis je classe, je range, je m'organise des journées à thème : art byzantin, style gothique, fêtes de la Renaissance, Venise baroque, art contemporain à la fondation Peggy Guggenheim. Presque chaque jour, je fais une halte dans ce temple de l'art moderne, le palais *Venier dei Leoni* au bord du Grand Canal. Un palais inachevé du XVIIIe siècle d'une extraordinaire beauté, propice à la méditation et à l'émerveillement.

J'aime y errer et me sens accueillie, telle une invitée, par les photos de Peggy au milieu de ses œuvres d'art. Une femme qui a vécu à bride abattue, voyageant, aimant, buvant, dansant, traînant derrière elle maris, enfants, chiens, gouvernantes, amis, amants… Ses lèvres sensuelles semblent me murmurer : *« Saisis et dévore tous les plaisirs de la vie ! »*

Cette croqueuse d'hommes et de plaisir était aussi une « *art addict* » et un mécène au goût très sûr. Elle a réuni dans son palais les toiles de plus de deux cents artistes parmi les plus grands : Magritte, Giacometti, Ernst, Klee, Kandinsky, Pollock, Picasso, Miro, Dali, Brancusi… Mais elle a également su mettre Venise en tableau par les majestueuses fenêtres, orchestrer le ballet incessant des vaporettos sur la terrasse avec sa vue sublime sur le Grand Canal et sa succession de palais à perte de vue. Comme un rêve, un mirage, un autre monde, une tentation d'éternité. J'ai envie de pleurer tellement c'est beau.

Des larmes qui deviennent rire quand je découvre une particularité du cavalier nu qui trône sur le parvis. Cette sculpture de Marino Marini expose triomphalement un énorme phallus au regard des gondoliers du Grand Canal. Phallus que Peggy a demandé amovible pour que l'on puisse l'ôter, ce qu'elle faisait à chaque fois que des religieuses passaient en bateau devant son palais.

Je termine ma visite par le jardin des sculptures. Sur le mur qui le borde, une inscription en néon bleu me fait sourire : « *Se la forma scompare la sua radice è eterna*[12]. » À proximité reposent les cendres de Peggy à côté de ses quatorze chiens à qui elle offre un dernier message d'amour : « *Here lie my beloved babies.* »

Puis vient l'heure attendue de regagner la *Possibilità* pour partager autour d'un thé mes découvertes et ouvrir la malle du jour. Curieuse de ces clins d'œil du hasard, j'arrive de plus en plus tôt à la boutique. Et j'en repars de plus en plus tard car Marco Polo est un merveilleux conteur. Il suffit d'un objet, d'un livre, d'un tissu pour que le voyage au fil des mots commence. Comme aujourd'hui, avec cette petite statuette de la déesse Fortuna, fille de Jupiter, achetée pour les parents d'Emilio.

— Fortuna était vénérée par les Romains et sa statuette ne quittait pas la chambre des empereurs. Elle était considérée dans l'Antiquité comme la divinité distribuant de façon arbitraire, au gré de ses humeurs, la chance et la malchance dans l'existence des mortels.

— Et ce mot « chance », d'où vient-il ?

— Du latin *cadentia,* c'est-à-dire ce qui « chute, tombe », comme si la chance nous tombait littéralement dessus, révélant son caractère inattendu. Elle est alors associée aux inexplicables caprices du hasard, heureux ou malheureux.

— Je croyais que le mot « hasard » venait de l'arabe ?

— On dit que c'est en Palestine que les croisés au xe siècle inventèrent un jeu de dés qu'ils baptisèrent du nom de la ville où ils se trouvaient, *El Azar* voulant dire « Dieu a aidé ». On retrouve là une dimension sacrée, comme dans le mot *baraka*, de l'hébreu *berakha*, qui désigne la bénédiction divine envoyée à la rencontre du désir de l'homme. Si vous avez la baraka, vous êtes en quelque sorte placée sous la protection céleste.

À ces derniers mots, je ris et raconte : mon vrai prénom, ma chute dans la maladie, mon séjour dans les limbes, Virgile, mon retour…

Il est tard quand nous ouvrons enfin la malle aux trésors. J'y trouve un précieux turban turc en velours chatoyant pour Sixtine, et tout au fond, enseveli par des feuilles de journal jauni, un cadre doré. Mon cœur se met à battre plus fort quand je découvre le tableau. Dans un paysage vénitien, digne de mon bien-aimé Turner, une longue silhouette féminine tend les bras à un délicieux enfant aux boucles vermeilles. Bouleversée, des larmes se mettent à couler sur mon visage car une certitude grandit en moi.

— Voilà mon cadeau pour Lou ! Il est magnifique, annonciateur d'une grande nouvelle. Mon intuition me dit qu'elle attend un enfant, mais qu'elle ne le sait pas encore.

— Félicitations ! Je serais heureux de vous offrir le nettoyage du tableau comme cadeau de mariage. Et rassurez-vous Carlita, il sera prêt à temps.

Comblée par ce bienheureux hasard, je cours joyeuse, légère vers le restaurant de ma fille. À la fin de son service, nous partageons de tendres confidences autour d'un dernier verre. Je rayonne, enceinte de mots, gardienne de ce secret de vie qu'il est encore trop tôt de partager.

— Tu es superbe, Mam. L'air de Venise te réussit ! À moins que ce ne soit cet ami à qui tu rends souvent visite ? Demain, je ne travaille pas. Je t'enlève pour un dernier essayage, une séance chez le coiffeur, et je m'invite pour le thé chez ton mystérieux Marco Polo…

Une dernière embrassade, puis je rentre à pied à mon hôtel. Venise est déserte, un silence épais plane sur les ruelles et les canaux vides. Je ne veux pas dormir. Juste marcher et écrire… Un flot de mots pour rester dans le courant de la vie. Pour y enfouir entre les lignes des choses indicibles, délicieuses ou insupportables. Pour réduire à néant la souffrance, le manque, et par la faille entrouverte laisser venir la lumière de la renaissance.

21 décembre, le grand jour est arrivé ! Il neige sur Venise. Je souris, car dans le calendrier révolutionnaire français, nous sommes le premier jour de Nivôse, dénommé « jour de neige ». De gros flocons cotonneux effacent les couleurs, bruissent d'une voix blanche, font frémir et crépiter la lagune. Ils recouvrent le sol, les statues, les bâches bleues des gondoles, les toits de San Marco, le dôme d'or de la Salute. Les pierres chantent

des partitions glacées. Toute la ville murmure, semblant célébrer une messe basse dans cet improbable trait d'union entre ciel, mer et terre. Nos yeux redeviennent ceux d'enfants émerveillés, tandis que nos bouches avides de cette manne s'ouvrent pour croquer les flocons à même le ciel.

Mes invités m'ont rejointe la veille à mon hôtel. Ils se comptent sur les doigts d'une main : Iseult, Max, Sixtine et Gabriel. Nous petit-déjeunons ensemble joyeusement. Puis bras dessus, bras dessus, nous nous dirigeons vers le lieu de la célébration. Dans son manteau de neige, le palais est féerique. La lumière tamisée de dizaines de candélabres fait reluire les ors et le pourpre des plafonds, tandis que les tableaux semblent s'animer dans la pénombre. Un chemin de fleurs blanches nous guide vers la chapelle où l'orgue baroque a sorti son grand jeu pour nous accueillir avec une toccata de Bach.

Puis l'orchestre entame le *Canon* de Pachelbel et Lou entre, rayonnante, au bras de Gabriel. Les vitraux colorés l'entourent d'un halo mystérieux, tandis que des taches de lumière jouent sur sa robe en satin ivoire, rebrodée de centaines de perles en cristal de Murano. Une longue traîne en dentelle glisse dans un doux murmure sur les dalles vernissées. Un diadème de perles est posé sur ses cheveux qui moussent autour de son fin visage diaphane. Dans sa main, un simple bouquet d'héllébores.

Gabriel est magnifique dans son costume en velours bleu, assorti à la couleur de ma robe. Très ému, il guide à pas lents sa filleule vers Emilio. Soudain une ombre fauve se glisse de l'autre côté de Lou pour l'accompagner jusqu'à l'autel. Antonin !

Je ne vois plus rien, les larmes inondent mon visage. Quand je rouvre les yeux, le mirage a disparu, les mariés répondent aux questions du prêtre, échangent leurs promesses d'engagement et d'amour.

Le reste de la journée s'écoule comme un rêve parfait, dans la beauté et l'harmonie. Puis les amoureux s'envolent vers une destination secrète, sans doute exotique, au vu des bagages faits ensemble la veille.

Impossible d'aller dormir. Le champagne coule dans nos veines et avec mes quatre compères nous décidons que la nuit sera blanche. Elle se termine par une mémorable bataille de boules de neige sur le pont du Rialto, avant d'aller nous réchauffer autour d'une soupe de crevettes et des tranches de polenta grillées au marché aux poissons. Vient trop vite l'heure de leur avion, et les promesses de retrouvailles pour l'année nouvelle à la Licorne bleue…

Je pars demain. Marco Polo m'a donné rendez-vous au Harry's Bar. Des fenêtres au verre très épais filtrent la lumière du dehors et nous protègent des regards curieux. Le temps semble être devenu immobile dans cette intimité offerte.

Sans me demander mon avis, il commande deux cognacs que nous buvons à petites gorgées en silence. Un silence qui est comme un pont. L'alcool me brûle la gorge, l'estomac et enflamme mon corps. Il jette un billet sur le comptoir, prend ma main et m'entraîne dans les ruelles. Il pousse une porte cochère verte, me tire dans un escalier en colimaçon. Nous entrons dans une pièce surchauffée où les livres colonisent tout l'espace, laissant juste assez de place pour un bureau, un fauteuil et un immense lit immaculé, tiré au cordeau. Puis vient le désir, moment brûlant d'avant la peau. L'espace rétrécit, sa bouche gourmande s'empare de mes lèvres, des mains caressantes font tomber lentement mes vêtements un à un sur le marbre froid. Mon corps devient corolle, s'ouvre pour l'accueillir. Nos gestes semblent ralentir, puis la vague du désir les rend fiévreux, exigeants, tendrement tyranniques. Un orgasme puissant tord mon corps de plaisir, presque de douleur. Une vague qui chasse la maladie, la mort, la tristesse de la perte. Un plaisir sans attente, sans espérance, presque sans partage. Celui d'un corps sauvage qui prend, se nourrit, s'abreuve de l'instant, non plus pour oublier mais pour vivre…

Puis revient le temps des mots. Précieux car ce sont les derniers…

— Trois semaines que nous nous connaissons, pourtant vous vivez au-dedans de moi comme une éternité. Je croyais que je ne savais plus aimer avec mon corps, que la maladie et la mort en avait chassé la jouissance. Je me sens à nouveau unifiée, reliée à un désir créateur qui me rend réelle charnellement. Merci d'avoir fait tomber les murs de ma parenthèse pour me faire entrer dans ce temps de « savourance » ! Un mot de hasard inventé pour vous…

— Il est des êtres dont c'est le destin de se croiser, où qu'ils soient, où qu'ils aillent. Un jour ils se rencontrent, prennent place dans la vie l'un de l'autre, puis se quittent. Nous sommes de ceux-là, ma Carlita… J'aime ces amours brèves qui laissent un goût d'inachevé et de rêve. Merci d'avoir réalisé l'un de mes fantasmes, faire l'amour à une délicieuse amazone !

En repartant, la boîte aux lettres indiscrète me révèle que mon amant s'appelle Luigi Manzatti. Adieu Marco Polo ! Merci Luigi pour ce baiser d'Amour qui a réveillé mon corps et lui a redonné ces envies « d'encore ! »…

La plume bleue

Montréal…

Après ces mois de solitude dans le grand désert blanc d'Alaska, j'ai repris le chemin de la vie ordinaire, celui de mon bureau au journal. Mais difficile de renouer avec ce quotidien sans saveur et de remettre du sens dans mon existence. Je m'attarde sur le belvédère Kondiaronk du parc du Mont-Royal pour saluer ma ville, et tenter de retrouver mes repères, mes racines.

Les gargouillis de mon estomac m'indiquent qu'il est temps de lui offrir un solide déjeuner. Ce sera une poutine, ces frites nappées de sauce brune et de fromage en grains. Au restaurant La banquise, bien sûr ! Je flâne encore, le nez en l'air pour découvrir quelques-unes des murales, peintes presque à chaque coin de rue. Mes pas retrouvent le chemin du Vieux-Montréal, ses ruelles pavées, sa vue majestueuse sur le Saint-Laurent. Je vais rendre visite à mon vieil ami John, éminent ornithologue québécois, spécialiste de la vie sauvage et des Amérindiens. J'ai besoin de son aide pour résoudre le mystère de la plume bleue.

Après avoir bu un whisky revigorant tout en racontant mes aventures, je sors la pochette où est rangé l'objet de ma curiosité.

— Dis-moi, John, quelle est la symbolique de la plume dans diverses cultures ?

— Pour les Amérindiens, les plumes représentent un cadeau venant du Grand Esprit, mais aussi de l'oiseau qui offre une partie de son essence. Elle est porteuse de puissance aérienne, d'ascension, de purification, de croissance et de fertilité. La plume de hibou apporte aide et protection durant la nuit. La plume d'aigle est utilisée comme outil de divination, l'aigle étant doté d'une grande clairvoyance. Dans d'autres cultures, comme en Nouvelle-Guinée ou chez les Celtes, les capes de plumes confèrent une capacité chamanique, une aptitude à voyager dans d'autres sphères. L'éventail en plumes de paon sert à repousser la maladie ou à faire un balayage énergétique au niveau de l'aura. Comme tu peux le voir, la symbolique dépend beaucoup de l'espèce de l'oiseau…

— Je ne m'y connais pas beaucoup en plumes, mais je ne pense pas que celle-ci vienne d'un paon, d'un aigle ou d'un hibou !

— Tu as raison, mais j'ignore de quelle espèce elle provient. J'ai besoin de faire des recherches pour pouvoir répondre à ta question.

— Et la couleur, est-ce qu'elle a une signification particulière ?

— Bien sûr ! Tu as là un mélange de bleu et d'indigo. Dans la symbolique des couleurs, le bleu apporte la paix, détache des problèmes quotidiens, favorise les talents de communication, incite à se mettre en quête du savoir caché et de la vérité supérieure. L'indigo, quant à lui, parle de

clairvoyance, de clairaudition, d'intuition. Il détruit la pollution sur tous les plans, physique, mental, et accroît le savoir spirituel.

—… Me mettre en quête de savoir caché, de vérité supérieure, de croissance spirituelle, cela me parle bien… Lors de cette terrible nuit de blizzard en Alaska où j'ai cru mourir, j'ai l'impression d'avoir poussé une sacrée porte et j'aimerais bien savoir ce qui m'attend derrière !

J'invite John à dîner dans son restaurant préféré pour prolonger le plaisir de ces retrouvailles amicales. Quelque temps plus tard, je reçois ce message :

Salut l'ami !

Heureux de t'avoir revu… j'ai mené mon enquête sur la plume que tu m'as confiée. Tu as raison, c'est un vrai mystère ! Elle provient d'un oiseau rare qui vivait dans le sud de la France. Une espèce qui s'est éteinte il y a plus d'un siècle. Pourtant l'analyse génétique montre que cet oiseau était encore vivant récemment… J'attends ta visite pour te rendre ta belle inconnue, sa fiche technique, et te faire goûter ma dernière cuvée de whisky.

Fidèlement,

John

P.-S. : Si tu as envie d'en savoir davantage sur les pouvoirs chamaniques des plumes, prends contact avec un drôle d'oiseau, mon ami Félix.

Tu ne seras pas déçu du voyage…

Fantômes à vendre

« Ton propre esprit n'est pas enfermé, cadenassé à l'intérieur de toi-même. Sans que tu le saches, il communique avec la nature subtile des êtres et des choses. Il se déplace sur de grandes distances, parle dans tes rêves, t'adresse des signes que tu ne sais pas traduire. Apprends à lire dans ton esprit et le Grand Esprit de l'univers te répondra. »

Sagesse amérindienne

J'ai signé ce matin l'achat de la belle demeure assoupie. Je serre dans ma main la grosse clé en fer polie par les ans que la notaire m'a remise. Je m'approche doucement de la maison, comme si je lui demandais avec humilité et gratitude la permission de prendre possession des lieux. Un petit vent joyeux semble être dans la confidence et fait tinter la cloche du portail pour annoncer ma venue.

Je pousse la solide porte en chêne et entre sur la pointe des pieds pour ne pas déranger les rêves endormis ou les âmes perdues. J'ouvre volets et fenêtres pour laisser pénétrer le soleil. En ces premiers jours de mars, les arbres en fleurs du jardin embaument et leur parfum se pose dans l'espace vide en une caresse odorante.

Un printemps turbulent soulève ma jupe et frôle mes cuisses, comme la promesse de jouissances à venir.

Je parcours les pièces une à une pour les saluer, les remercier de m'accueillir. Une énergie douce et bienveillante semble me répondre. Aucun signe d'entités en maraude, de courants d'air froids, hostiles ou nauséabonds !

Une femme de ménage est passée ce matin faire la chasse à la poussière et aux toiles d'araignée. Une bonne odeur de propre flotte dans la maison et un bouquet de fleurs des champs est posé sur l'ancien potager en pierre de la cuisine, là où la famille de Virgile devait cuisiner ses repas. Claude a également préparé un thermos de thé et des financiers aux amandes pour me faire patienter jusqu'à l'heure de l'apéro où elle viendra nous rejoindre.

Iseult et Max arriveront en fin de journée avec Ramsès et de quoi camper durant les travaux : un lit, une table, quatre chaises, un réchaud, une malle de linge et une autre de vaisselle. Le frigo aux angles arrondis, sensuels, couleur crème pâtissière, est encore en bon état de marche. J'y installe le repas et le champagne acheté chez le traiteur pour célébrer ce soir avec mes amis ce rêve devenu réalité.

Je réentends la voix de Virgile lorsque, assis sur notre banc aux confidences, je lui racontais mes rêves visiteurs : « *Prends soin de ces rêves qui veillent en toi, Céleste. Ne te moque pas des étoiles filantes porteuses de vœux, de la poussière enchantée des fées, des miracles en marche... Si tu oses rêver, toutes les portes s'ouvriront pour toi...* »

Je parcours à nouveau la maison et le jardin cherchant les endroits préférés de mon âme sœur, car je sais que la mémoire des murs existe, qu'elle garde trace des émotions et des évènements passés. La pièce que j'ai choisie pour être mon bureau vibre de l'énergie de Virgile, à la fois douce et puissante. Je devine que son cabinet de consultation devait être là. Au premier étage, une chambre laissée à l'abandon m'émeut tout particulièrement. Trois murs roses sont sobrement passés à la chaux. Sur le quatrième, une délicate fresque montre une petite fille cherchant à attraper les papillons butineurs d'un champ de fleurs. Sans doute était-ce la chambre de Marie, l'enfant trop tôt disparue ?

Le jardin échevelé s'impatiente derrière les fenêtres ouvertes et m'envoie quelques abeilles messagères. Une tonnelle, qui doit crouler sous la glycine odorante en mai, m'attire. Je m'installe sur le vieux banc moussu qui ressemble fort au nôtre. Je ferme les yeux et appelle Virgile dans l'intimité de mon être :

— Parle-moi de ta maison, fais-la-moi visiter !

Seul le chant des oiseaux me répond. Je souris malgré le poids de l'absence, à l'écoute de ce monde lointain, en sourdine. Sa voix tendrement moqueuse m'aurait sans doute invitée à retrouver ce temps sans aiguilles qui comble l'âme.

Je ferme les yeux, attentive à toutes ces sensations fourmillantes offertes par mon corps. Sans m'en rendre compte, je glisse dans la torpeur d'un léger sommeil. L'appel insistant du coucou me ramène à la densité du jour. Je me lève pour suivre les ombres du passé venues me guider. Celles d'enfants joyeux courant dans le jardin, grimpant aux arbres où des cabanes les attendent, poussant une fragile petite fille sur sa balançoire. Puis leurs rires s'éloignent…

Les tiraillements de mon estomac me rappellent que je n'ai rien mangé depuis le petit-déjeuner. Je me prépare un plateau que je vais grignoter sous la tonnelle.

Mon regard pose chacun de mes rêves sur le paysage : ici le potager bordé d'arbres fruitiers… là un bassin aux nénuphars… dans ce gros arbre dodu, une balançoire pour Emma et l'enfant attendu cet été… la roseraie est juste à la bonne place, face à la porte-fenêtre de ma chambre. Sous le chêne majestueux, arbre roi du jardin, j'imagine une longue table en pierre pour des petits-déjeuners paresseux ou de complices dîners aux chandelles. Mes yeux musardent dans la ramure, croisent la prunelle curieuse d'un écureuil, sautillent avec le déluré rouge-gorge, s'émerveillent quand l'arbre étreint de ses grandes branches un soleil flamboyant qui se laisse faire…

Je sors un carnet de mon sac pour fixer cet instant, dessiner cet arbre totem, témoin du temps qui passe, des générations successives, mais aussi du lent travail d'enracinement. Car sous mes pieds repose un arbre à l'envers. Il se déploie autant en dessous du sol par ses racines, qu'au-dessus avec ses branches. Sa croissance se fait dans le visible comme dans l'invisible, trait d'union entre le Ciel et la Terre. Joli symbole de mon chemin de vie !

Le jardin peu à peu se couvre de nuit, devient mystérieux, abritant des secrets à découvrir un autre jour. Le klaxon de la camionnette de Max m'indique que je suis en retard pour préparer le dîner. Je cours accueillir mes trois amis, le cœur gonflé de bonheur. Ramsès saute du véhicule, s'étire, baille, puis s'assoit sur son séant pour observer d'un air curieux le déchargement.

Les meubles sont vite installés, petits îlots en perdition dans un espace qui paraît encore plus grand. Et nous attendons le verdict de Ramsès…

D'un pas majestueux, il s'avance et explore son nouveau territoire. La queue dressée, les moustaches conquérantes, il hume, crache d'un air méprisant à certains endroits, ronronne à d'autres. Un vrai détecteur énergétique en mouvement ! Puis, d'un air satisfait, il s'installe dans son panier posé dans la cuisine. Ouf, l'examen de passage est réussi, champagne !

Nos rires étincellent dans la nuit et nous tirons des plans sur la comète pour aménager la vaste demeure. Max réussit à ouvrir la porte du grenier gonflée par l'humidité, et tels des enfants éblouis, nous fouillons les malles et les cartons abandonnés.

— Regarde comme ces robes sont belles, s'exclame Iseult ! Lou va en faire des merveilles avec sa couturière. Et cette large capeline, vraiment idéale pour ombrer le visage tout en cachant les rides !

Velours, taffetas, broderies anglaises, dentelles anciennes, rubans multicolores se déroulent sous nos mains et nos regards ravis.

— C'est vraiment étonnant que ces vêtements aient si bien résisté au passage du temps, comme à celui des différents propriétaires ! remarque Max.

Nous dénichons une méridienne fleurie qui, une fois retapissée, sera parfaite pour les siestes dans ma chambre, un joli vase art déco où des femmes rondes dansent joyeusement pour décorer le futur Vivoir, et un immense miroir doré qui va prendre place dans mon bureau.

— Pourquoi pas dans ta chambre ? demande Claude.

— Les miroirs sont des portes vers d'autres mondes, cela perturbe le sommeil. Mais ils sont parfaits pour booster la réflexion et l'imagination. Celui-ci va peut-être m'offrir le best-seller qui me permettra de restaurer l'orangerie, dis-je en riant. En attendant, il est grand temps de redescendre dîner !

Nous allumons les bougies et passons à table. Moment de grâce partagée que j'ai envie de prolonger en demandant aux anges de ralentir le temps, pour entrer plus loin encore dans cette lenteur qui rassemble.

Moment de gratitude où la magie de la Vie émerge en célébrant chaque instant.

— Mille mercis mes précieux amis, sans vous, rien de tout cela n'aurait été possible !

— Il te reste à trouver un nom pour cette belle maison d'hôtes, dit Max.

— La nuit porte conseil, répond malicieusement Iseult. Elle sait, avec son âme magicienne, que la réponse est déjà en marche…

Après leur départ, nous parcourons une dernière fois les pièces en devenir avant de regagner ma chambre.

— Ce soir, nous partageons l'édredon rouge, mon Ramsès ?

— Bien volontiers, répond mon amour de félin. J'ai un peu froid dans tout ce vide. Mais rassure-toi, tu as bien choisi, ma Tourterelle. Il va faire bon vivre ici !

J'te fais un p'tit massage patte de velours avant que tu étoiles tes rêves ?

La prescription poétique de Ramsès guide vers moi un songe peuplé d'étoiles ruisselantes d'amour et de compassion. Penchées sur nos peines, elles laissent tomber sur terre des larmes d'or…

Le bruit d'une porte qui claque à l'étage me réveille. Cinq heures du matin indique mon réveil. L'heure où la conscience m'arrache aux esprits de la nuit.

— Viens, me dit Ramsès, cela vient de la chambre de la petite fille.

— Toi aussi, tu penses que Marie vivait dans la pièce rose ?

— Je ne le pense pas, je l'ai vue, endormie dans une grande chemise blanche en dentelles. Elle était veillée par sa maman. Mais rassure-toi, ma Libellule, ce sont de gentils fantômes !

Nous entrons dans la chambre où la fenêtre ouverte laisse filtrer la lumière tamisée de la rue. Deux formes blanches se déplacent, traversent les murs, reviennent vers nous, nous frôlant avec douceur. Leurs visages diaphanes, encadrés de longs cheveux blonds, sont illuminés par de grands yeux bleus emplis de tendresse. Leurs voix nous arrivent un peu déformées par un léger écho.

— Nous vous attendions, Céleste. Je suis Sophie et voici ma fille Marie. Soyez la bienvenue dans cette maison qui vous espérait depuis si longtemps ! Nous avions pour mission d'éloigner les indésirables, et de vous remettre cette clé à votre arrivée. Ne me demandez pas à quoi elle sert ! Seul Virgile en connaît l'usage, que vous découvrirez en temps utile.

Une petite clé entourée d'un fin ruban de velours noir est posée sur le rebord de la fenêtre. Une clé que nous n'avions pas vue lors de nos visites précédentes.

— Vous m'avez attendu tout ce temps, Sophie ?

— Vous savez bien que le temps n'existe plus dans l'au-delà. Mais je dois dire qu'avec Marie, nous nous sommes bien amusées à faire peur à tous ces étrangers qui n'avaient pas leur place chez nous. Elle est encore à un âge où l'on aime faire des farces ! Elle a beaucoup aimé déplacer les objets, faire grincer les armoires, chatouiller les pieds des dormeurs. Comme si elle prenait sa revanche sur la maladie ! Le moment est venu maintenant de rejoindre notre famille d'âmes.

— À quelle famille appartenez-vous ?

— À celle des Artistes, ces gardiens de la beauté de l'univers. J'avais réalisé plusieurs fresques sur les murs de cette maison, il ne reste plus que celle de Marie, qu'elle avait appelée *Le Pays de l'enfant éternel.*

— Je vais la garder précieusement et faire de cette pièce un lieu pour méditer, dessiner, peindre, écouter la musique, se poser dans la beauté du monde.

— Saviez-vous que votre grand-mère Mona fait aussi partie de la famille des Artistes ? Elle a peint pour vous la toile du Paradis, mais aussi le tableau de cet homme au grand chapeau noir qu'elle vous a demandé de conserver. Là encore, vous saurez bientôt pourquoi...

Sophie et Marie s'approchent pour nous offrir un baiser d'éternité, et leur image se dissout dans les premières lueurs de l'heure bleue, celle où tout se tait.

Puis l'orchestre à plumes du jardin explose de sonorités. Les trilles se répondent d'arbres en buissons. Le parfum des fleurs embaume et les couleurs se réveillent.

Je glisse la clé d'or autour de mon cou. Une sensation de sérénité m'envahit, comme si j'étais devenue un point d'acupuncture sur la Terre, rayonnant et équilibrant. Comme si j'avais pleinement trouvé ma place dans le monde…

Nous redescendons au rez-de-chaussée. Dans un ciel déjà plein d'aube, j'ouvre la porte d'entrée pour accueillir le premier rayon de soleil. Il se pose sur l'encadrement et y réveille une licorne gravée dans la pierre, presque effacée par les ans. Je souris devant cette belle synchronicité de la vie qui me relie par cet heureux hasard à la Licorne bleue. Au même instant, la lumière s'allume de l'autre côté de la rue au Bouquin gourmand. Et comme une évidence, je reçois le nom de ma maison.

Il me semble entendre la voix de Virgile murmurer :

« Bienvenue Céleste à la Licorne gourmande !

Tu as trouvé ton point d'harmonie et d'ancrage.

Tes voyages oniriques astraux peuvent commencer ! En cheminant dans les failles du temps et de l'espace, tu vas faire descendre le Ciel sur la Terre. »

Tout est maintenant en place pour que j'accomplisse ma mission de passeuse de Lumière. Pour que je sois cette voyageuse immobile qui laisse son esprit explorer le visible comme l'invisible, et sème dans cette grande toile énergétique qui nous relie les uns aux autres, des graines d'Amour, de paix, d'espoir.

Je vais bientôt découvrir que les plus beaux lieux sont ceux qui racontent de surprenantes histoires ! Car la nuit, il se passe des choses que le jour ne comprend pas…

Premier voyage astral…

Dans la chaleur assommante de la rizière, Sun-Lin peine à récolter les panicules de riz. Son ventre est si lourd, tendu sous le poids du bébé. Ses coups de faucille ralentissent, deviennent irréguliers, tandis que les contractions et la douleur dans ses reins augmentent. Un nouvel étourdissement la fait tomber dans l'eau. Elle sait que le moment est venu…

Le soleil miroite une dernière fois sur l'eau dormante, irradiant les montagnes d'une encre rubis, avant de glisser derrière les somptueux sommets de cette région de la Chine du Sud. La nuit tombe comme un rideau ensevelissant les terrasses verdoyantes. Sun-Lin regagne la maison sur pilotis où l'attend sa hargneuse belle-mère, Chan.

Ses grands yeux noirs en amande ne sont plus qu'un miroir d'inquiétude dans son visage pâle. Elle aurait tant voulu garder encore un peu son enfant à l'abri dans son ventre protecteur. Elle sait que le meilleur attend un fils, le pire une fille. Depuis des millénaires, les hommes ont plus de valeur que les femmes. Un garçon perpétue la lignée, reste auprès de ses parents et prend en charge leurs vieux jours. À l'inverse, les filles mariées s'en vont vivre avec leur belle-famille. Un proverbe dit : « *Élever une fille, c'est arroser le champ du voisin.* »

Mais depuis cette politique de l'enfant unique, les filles sont devenues encore plus indésirables et un triste sort les attend souvent[13].

Sun-Lin perd les eaux en passant le pont de bambou et les derniers mètres sont une véritable torture. Elle s'allonge enfin sur le plancher de la salle commune.

Respirer. Pousser. Gémir. Souffler. Surtout ne pas crier. Rester digne sous le regard méprisant et haineux de Chan. Elle sent les ongles sales et pointus de la vieille femme qui s'enfoncent dans sa peau, la forçant à écarter les cuisses.

Les odeurs envahissent la pièce. Le nuage de moustiques assoiffés se rapproche, attiré par l'odeur du sang. Une douleur la transperce et elle ne peut retenir un hurlement. Son corps tressaille violemment quand sa vulve se déchire lors du passage de la tête du bébé. Encore quelques contractions, et son bas-ventre expulse le petit corps gluant, recouvert de caillots. Sa belle-mère attrape les deux pieds, claque les petites fesses dodues et grimace de dégoût, tandis qu'un vagissement déchire l'air.

— Bonne à rien, incapable ! C'est une fille ! hurle-t-elle en jetant l'enfant dans un seau en métal. Sun-Lin tremble de tous ses membres, éclate en sanglots, la supplie de lui donner son bébé. Chan sort dans la nuit.

Une main minuscule dépasse du seau en métal. Une main qui bouge encore…

Horrifiée, impuissante, j'ai assisté à l'accouchement, ombre invisible venue d'un autre temps. Pour accompagner cette arrivée au monde, j'ai entouré Sun-Lin et sa petite fille d'amour. Je suis maintenant la vieille femme et son sinistre seau au milieu des rizières. Elle se dirige vers le lac où l'on ensevelit dans la boue les petites filles qui mettent parfois une nuit à mourir. Elle creuse son funeste trou, y dépose l'enfant enroulée dans un linge sale et repart vers le village.

Je m'approche de la petite fille, la berce, la réchauffe. Son ravissant visage s'apaise tandis que la bulle de lumière se tisse autour de son corps si frêle.

La voix de Virgile résonne en moi.

— Tu ne peux pas intervenir physiquement Céleste, juste agir avec le cœur. Trouve son père, Tang. Lui seul peut changer le destin de ce bébé…

En un éclair, je suis aux côtés de Tang dans ce tripot enfumé où il joue au mah-jong. Je me branche sur son cerveau pour lui envoyer les images de l'accouchement. Tang grogne, secoue la tête comme si un moustique venait de le piquer. Puis il marmonne, arrête la partie sous les injures des autres joueurs.

Sur le chemin du retour, je vais puiser dans la Banque à images. Je lui montre tout ce que sa fille va lui apporter. Elle saura, bien mieux qu'un fils, chanter, bourrer sa pipe, masser ses vieilles douleurs, cuisiner de bons petits plats, mais aussi travailler dur à ses côtés. Tang marmonne de plus en plus fort tandis que les vapeurs du mauvais alcool s'évaporent. Je joue le tout pour le tout en lançant le film de son futur accident. La venue du médecin de la ville voisine qui tombe éperdument amoureux de sa fille, l'épouse et les couvre de bienfaits.

Pourvu que mon mélo en Technicolor marche, j'ai quand même un peu forcé sur le *Happy end* !

Je retourne au lac de sang attendre près du bébé. Je ne veux pas assister à ce qui se passe au village, aux cris, aux pleurs, peut-être aux coups.

La nuit devient plus claire. Une à une les étoiles s'effacent dans le ciel. Les pains de sucre commencent à apparaître dans la brume. Des pas pressés se font entendre et les mains brûlantes d'amour de Sun-Lin saisissent son enfant.

— Je vais t'appeler Mei, fleur de prunier. Ton père est un homme bon, il te donne le droit de vivre. Allons au temple te présenter au Bouddha rieur et le remercier pour son aide...

Je n'en saurai pas plus. Me voici de retour dans mon lit à la Licorne gourmande. Tu avais raison Virgile, mes nuits sont encore plus belles que mes jours !

Mai, Terre de Soubestre

« Je tisse comme une araignée du ciel le fil qui relie les rêves et la réalité et dans ma toile j'embarque l'espoir absolu. »
Mathias MALZIEU

Clara

Au courrier du matin, une carte postale ancienne anonyme. Celle d'un bateau vénitien faisant route vers le large. Avec juste ces mots : « *Je pars…* »

Une vague de nostalgie passe, chassée par cette autre emplie de gratitude. Flux et reflux des cadeaux de la vie… Bon vent, Marco Polo !

Les ouvriers qui sifflent, chantent, s'engueulent, rient me ramènent à l'instant présent. À leurs côtés, je décape, ponce, peins, cire les meubles chinés dans les brocantes environnantes, chez Emmaüs ou à la salle des ventes de Pau. Mes bras et mon dos endoloris protestent. Mais si je veux être prête pour l'inauguration mi-juillet, il me faut mettre les bouchées doubles.

Sam arrive par l'avion du soir pour la réunion de chantier prévue demain. Il a fait des miracles en si peu de temps. Si vous poussez la vieille porte d'entrée en chêne, vous entrez dans un couloir traversant qui conduit aux grands arbres du jardin. Sur votre droite, trois petites pièces n'en font plus qu'une, un Vivoir vaste et lumineux sur lequel donne la cuisine. C'est ici que s'affairent les ouvriers pour préparer l'installation des meubles et de l'équipement ménager qui vont bientôt être livrés.

De l'autre côté du couloir, c'est mon domaine : un bureau pour écrire, une salle de bains, une chambre dont la porte-fenêtre ouvre sur la roseraie encore abandonnée. Un escalier en pierre à la majestueuse rambarde en fer forgé conduit au premier étage. Dans l'aile ouest, trois chambres : une pour Gabriel, une autre pour Lou et une plus petite qui sera aménagée cet hiver en chambre d'enfant. Le salon de « l'enfant éternel », l'ancienne chambre de Marie, offre un espace de silence et de méditation avant de pénétrer dans l'autre aile, où quatre chambres avec leurs salles de bains attenantes accueilleront l'été venu les clients de la Licorne gourmande.

Chaque week-end, le renfort arrive. La semaine dernière Lou et Emilio ont joint leurs pinceaux aux miens. Gabriel vient s'attaquer samedi à la restructuration du jardin. Pour le pont de l'ascension, c'est tout mon groupe de thérapie qui débarque. Lucie, Noé, Louise et Arthur se sont réservé l'aménagement de mon bureau qui fera office de salle de thérapie en attendant la restauration de l'orangerie prévue pour des temps plus argentés. Notre relation a évolué doucement vers l'amitié, ce qui ferait frémir plus d'un psychanalyste puriste ! Mais peu m'importe, seul le résultat compte. Lucie est passée du statut de femme périmée à celui d'une battante qui a rejoint le club des aficionados d'Internet. Son blog culinaire vegan est suivi par des centaines de fans, dont je fais partie. Noé s'éclate dans ses activités de théâtre amateur. Il part cet été en tournée dans de petits villages ardéchois avec sa partenaire, une femme de caractère avec qui il partage des amours tumultueuses. Arthur, l'homme pressé, s'investit dans l'humanitaire aux côtés de Sixtine. Une vie plus pleine de sens qui lui donne envie de ralentir pour savourer le temps présent… à petites doses ! Louise, quant à elle, est toujours un joyeux cœur solitaire, mais elle se donne le droit de croquer sa vie de liberté sans culpabilité.

Nous savons tous les cinq que ce temps de cheminement s'achève et que celui de leur envol est proche. Ce qui donne encore plus de saveur à ces moments joyeusement partagés…

La fidèle Claude passe souvent m'apporter un petit plat, un livre ou un objet déniché dans ses escapades chineuses. Et surtout parler, parfois se taire, juste être présente quand j'ai le cœur en écharpe. Mais les nuages noirs deviennent de plus en plus rares. Chaque jour devient un bon jour. Celui où je décide de trouver un trèfle à quatre feuilles, et où je le trouve. Mon regard est comme lavé, débarrassé de cette indifférence qui fait passer à côté de l'essentiel. Tout devient une fête joyeuse qui raconte ce que j'oublie de comprendre. Plus besoin d'analyser, d'expliquer pour croire que la vie est belle. Tout est cadeau quand je m'unis simplement à ce qui m'entoure, à cette nature qui m'éblouit dans tout ce qu'elle a d'immense et de minuscule.

Ce matin, j'ai cueilli les premières fraises du potager et une bouffée d'enfance est remontée d'un repli de ma mémoire. Dans les grandes villes, les fruits n'ont plus d'odeur, ils sont devenus comme ces gens qui ne sentent plus rien ou n'apportent pas grand-chose. Dans cette énergie que je déploie à être moi-même, mais aussi pour être présente au monde, je redécouvre les goûts, les saveurs, les odeurs, toutes ces sensations oubliées. Je savoure la vie comme maître Ramsès, en mode chat…

Ramsès 3

Vous vous demandez sûrement ce que je deviens ? Je ne vous cache pas que mes débuts à la campagne ont été durs. Plus de tilleul à escalader, plus de Lulu pour me glisser en douce un bol de crème, plus de siestes paisibles sur les genoux de ma Belle ! À la place, c'était le bruit des marteaux, des perceuses, les nuages de poussière qui envahissaient mon panier. Alors je me grattais, j'éternuais, je grognais, je boudais, je fronçais les babines. Je pensais tout le temps à cette phrase de

Michel Audiard lue un jour de culture : « *La campagne, c'est affreux : la journée on s'ennuie, et la nuit on a peur.* » Mon Aimée, absorbée par la rénovation du logis n'avait plus le temps de s'occuper de moi, et dans les ténèbres une bête étrange hurlait m'empêchant de dormir. Je sentais que les cernes menaçaient mon admirable regard, ma sublime fourrure était en souffrance et je cogitais une réclamation à la SPPA (Société Protectrice pour la Paix des Animaux). Mon Oiselle a dû le deviner (depuis son séjour là-haut elle me comprend bien mieux) car elle a installé mon panier à l'abri dans sa chambre, m'a présenté la chouette du grenier et s'autorise une petite sieste avec moi sous le gros édredon rouge. Et puis, il y a Daisy. La chatte de notre voisine, un sacré numéro celle-là. La voisine, pas la chatte ! Ma Daisy est la plus douce, la plus tendre des compagnes. On n'a qu'un seul regret : ne pas pouvoir avoir de petits ensemble : moi à cause des loubards qui s'en sont pris à mes bijoux de famille, elle parce que cette horrible véto lui a ratiboisé sa boîte à bébés. Remarquez, l'amour platonique, c'est bien aussi ! C'est doux, tendre, reposant…

Mais la voisine, elle, elle est vraiment bizarre. Les gens du village l'appellent la *Pousouére*[14], c'est tout dire. Avec sa chevelure en folie, elle grimpe dans les arbres, court la campagne pour cueillir je ne sais quoi ! L'autre jour, c'était la pleine lune et on l'a entendue chanter jusqu'à pas d'heure. Ça m'a filé les jetons, j'vous dis pas ! Daisy, ça la fait rigoler, elle dit qu'un jour je comprendrai. Faut voir !!!

Clara

Ça y est ! La cuisine est en état de marche. Il est temps de remplir le Frigidaire frigo avant l'arrivée de mes invités. Au retour du marché, je me gare devant la grille pour économiser mes pas et jette machinalement un coup d'œil vers la maison d'à côté. Deux pieds chaussés de gros godillots boueux dépassent du seuil de la porte. Je m'approche. Ma voisine gît au sol dans une position raide et cassée. Elle a les lèvres blafardes, les poings serrés. Mes doigts se referment autour du poignet de la vieille femme. Son pouls est lent et régulier. Elle s'est sans doute évanouie, mais ce pourrait être n'importe quoi : crise cardiaque, coma diabétique, AVC… Non, sans doute pas un AVC car son visage est symétrique. Je pousse la porte d'un coup d'épaule, retrouvant les gestes familiers du temps où m'occuper des autres était mon quotidien à l'hôpital de La Rochelle. J'observe la cuisine à l'affût d'indices, comme des médicaments sur la table ou un lecteur de glycémie… La maison est chaleureuse, odorante, et n'a pas cet aspect négligé ou trop médicalisé de la maladie chronique. Partout des couleurs vives, des bouquets de fleurs et de plantes séchées accrochés aux poutres dont le parfum me donne l'impression d'être allongée dans une prairie d'été. Un gâteau encore fumant refroidit sur l'évier et une cocotte en fonte laisse échapper un délicieux fumet de lapin aux herbes.

Le courrier posé sur la table me donne le nom de ma voisine :

BERTILLE DESROSIÈRES.

Au village, tout le monde l'appelle « la Sorcière », jamais par son prénom ou son nom. Lors de mon arrivée, je suis venue me présenter mais j'ai trouvé porte close.

Son image m'est pourtant devenue familière car elle passe souvent sur le chemin creux au bout du jardin. Une silhouette voûtée, vêtue par tous les temps d'un gros manteau, une démarche rendue raide par ses imposantes chaussures, et son inséparable panier en osier recouvert d'un linge blanc. Anonyme et familière comme un arbre au bord de la route devant lequel on passe en voiture. Mais dès que je m'approche pour la saluer, elle s'enfuit dans une autre direction, étonnamment agile pour son âge.

Près de la bouilloire électrique, je trouve des remèdes contre l'hypertension et le cholestérol. Sans doute ont-ils un peu trop bien fait leur travail puisqu'elle s'est évanouie. Je reviens vers elle avec un verre d'eau, glisse quelques gouttes dans sa bouche et l'appelle doucement :

— Bertille, Bertille ! Je vais appeler le médecin si vous voulez bien. Je suis Céleste Loiseau, votre nouvelle voisine…

La vieille femme s'agite, remue les lèvres, puis ses yeux s'ouvrent, étonnés plus qu'effrayés. Je lui tiens la main, lui laissant le temps de reprendre lentement ses esprits.

— Pas la peine, murmure-t-elle d'une voix encore pâteuse. C'est ce foutu traitement pour le cholestérol qui m'a joué des tours ! Je n'aurais pas dû manger autant de salade de pissenlit à l'ail hier au soir, ni boire cette infusion de chardon-Marie ce matin. Mon foie a fait une overdose !

Puis elle se redresse lentement, sourit en ajoutant :

— Cela fait bien longtemps que personne ne m'a appelée Bertille ! Merci, mon petit…

Je l'installe dans son fauteuil au coin de la cheminée et reste un moment avec elle pour m'assurer que tout va bien. Je pose près de son téléphone une de mes cartes de visite toutes neuves prises chez l'imprimeur ce matin.

— Appelez-moi si vous avez besoin de quelque chose. Je suis heureuse d'avoir fait votre connaissance, Bertille. Et désolée pour tout ce bruit, cette agitation, ces travaux qui vous dérangent sans doute…

Je retourne à ma voiture, au déchargement de mes courses, à la préparation des repas pour le week-end. En fin de journée, je prends un livre et m'allonge avec

Ramsès sur la méridienne de ma chambre. Le tintement de la vieille cloche du portail me réveille. J'ouvre et trouve sur le seuil le panier en osier de Bertille.

À l'intérieur, un clafoutis aux cerises, deux pots d'herbes odorantes avec de jolies étiquettes pastel où est écrit à l'encre violette : *« Fleurs d'Amour »* et *« Fleurs de Hasard »*.

Pour ma tisane du soir, je mélange joyeusement une pincée de *Fleurs de Hasard* à trois pincées de *Fleurs d'Amour*. Et la nuit suivante, je franchis une autre porte, celle de la compassion universelle…

Second voyage astral…

La mort rôde en liberté dans les murs de cet EHPAD [15]. Dans la petite chambre surchauffée et fétide où je viens d'arriver, un calendrier dénonce le temps avec deux mois de retard. Derrière la fenêtre close, le soir a fait éclore dans les rues des milliers de lumières qui scintillent et paraissent se déplacer. On dirait des étoiles tombées à terre qui cherchent à s'envoler vers le ciel. Mais on ne peut s'envoler vers ce qu'on a perdu, pense la vieille femme allongée sur son lit. Mathilde le sait trop bien, elle qui a tout perdu. Sa famille. Ses amis. Ses rêves. Ses illusions. Sa dignité, surtout sa dignité…

On l'a couché vers 19 heures après un dîner bâclé, avalé de travers. Elle se sait oubliée jusqu'au grand matin où on lui jettera un bol de café tiède avec un morceau de pain déjà rassis. Des mains harassées changeront sa couche, oubliant de la laver, puis la poseront pour de longues heures dans son fauteuil. Seule, car plus personne ne lui rend visite ni ne vient prendre de ses nouvelles.

Pour survivre, la distance devient chaque jour plus grande entre ses souvenirs et le présent. Des souvenirs maintenant toujours là derrière ses paupières fermées.

Mathilde n'a plus envie d'ouvrir les yeux. C'est très doux la nuit, la nuit du regard. On y est bien. Avec l'envie que cela dure et ne s'arrête jamais. Elle serre sur son cœur une photo. L'image s'est délavée, diluée, perdue dans les années et la lumière. On y devine un couple souriant et une belle enfant aux boucles brunes. Ses lèvres sèches murmurent de temps en temps : « *Mimi… Ma Mimi…* »

Je prends ses doigts frêles dans ma main, les caresse doucement et pose un tendre baiser sur ses paupières palpitantes.

— Je suis là. Ta Mimi est de retour. Tu n'es plus seule. Je suis venue te dire « Merci » pour tout ce que tu m'as donné, te dire comme « je t'aime », te demander « pardon » pour t'avoir laissée si longtemps…

Les mots d'amour viennent facilement. Sans doute est-ce ceux que j'ai entendus murmurés par Lou durant ma longue nuit de coma. Des mots éternels d'une fille pour sa mère. Pour toutes les mères du monde. Pour la mienne lors de sa chute dans ce précipice en Corse. Pour Mona au milieu de ses roses. Pour toutes ces absentes devenues lumière qui vont bientôt tendre la main à Mathilde…

Une vieille berceuse surgit de l'oubli. Ma voix s'élève, pure comme du cristal pour la guider vers cet ailleurs qui l'attend… Sa mémoire devient légère. Ne reste en elle que les jolis moments et les belles heures, tout ce qu'il y a de doux et d'heureux. Sa respiration flotte comme une plume. Les douleurs familières s'apaisent. Un lumineux sourire se pose sur son visage usé tandis que l'ombre s'épaissit autour du lit. Un dernier frisson…

Bon voyage, Mathilde, dans le Sacré du monde !

Le chemin de l'Oiseau

« Ces oiseaux-là étaient au nombre de quarante, qui partirent un jour pour un long voyage en quête d'un roi, ou de Dieu peut-être. Un appel de leur cœur les dirigeait vers une montagne où vivait, disait-on, l'être qu'ils recherchaient. Le chemin fut long. Ils connurent de nombreuses aventures, parfois inespérées, parfois éprouvantes, toujours inattendues. Ils parvinrent enfin à la cime de ce mont tant désiré. Ils n'y trouvèrent ni dieu ni roi. Seul un miroir les attendait… »

Henri GOUGAUD

Clara

Un soleil d'or et de pourpre jaillit de la fenêtre, rebondit sur le grand miroir doré pour me chanter les splendeurs du jour à venir. Le bouquet de roses posé sur mon bureau semble soupirer d'aise en laissant glisser quelques pétales veloutés près de mon ordinateur.

Mon livre sur cette quête de l'Oiseau s'achève, mais le temps du face-à-face avec le miroir ne fait que commencer. Il me reste tant à explorer dans cette rencontre du temps présent avec mes profondeurs intérieures !

Les travaux de la Licorne gourmande sont finis. Les derniers meubles ont trouvé leur place. Amis, clients, artisans, voisins sont conviés ce soir à son inauguration pour célébrer sa renaissance. Peu parmi eux sauront que je vais aussi fêter la mienne, cette rencontre avec mon miroir intérieur ! Deux années de combat, puis d'abandon dans le lâcher-prise qui m'ont fait ressentir la justesse de cette phrase de Carl Gustav Jung : *« Et si nos plus grandes déchirures étaient aussi les plus grandes ouvertures ? »*

Je repense à ce matin où tout a commencé. Le moment où mes yeux se sont posés sur la toile de Mona, sur cette licorne prémonitoire entourée d'abeilles laborieuses, annonciatrices de ces changements intimes à venir.

Mais difficile de savoir à quel moment j'ai accepté de ne plus être ce pilier qui soutient tout, de me laisser guider par plus grand que moi pour ressurgir dans la lumière de l'Amour.

Le tableau de Mona a trouvé une place de choix dans le Vivoir où le soleil le fait danser à toute heure du jour. Il racontera ses merveilles à nos hôtes de passage, tant l'histoire qu'il relate est à la fois singulière et universelle. Le portrait de l'homme au chapeau noir installé dans ma chambre n'a pas encore délivré son message. Patience, dirait Virgile !

Les rires de mes amis, une délicieuse odeur de café, de brioche et de toasts grillés me ramènent dans l'ici et maintenant. Sixtine et ses enfants sont arrivés hier avec les quatre mousquetaires du groupe de thérapie. Quant à Gabriel et Sam, ils ont débarqué en début de semaine avec une surprise dans leurs bagages : ils viennent de se pacser !

Le pâtissier nous a préparé une immense pièce montée en forme de maison. Sur la fenêtre de nos amoureux, j'ai fait ajouter un cœur avec leurs prénoms enlacés. *« Un peu trop fleur bleue »*, a rigolé Lou sur Skype !

Mon seul regret est bien sûr qu'elle ne soit pas de la fête. Mais la naissance du bébé est attendue d'un jour à l'autre et Emilio a refusé que son fils (il est bien sûr persuadé que ce sera un garçon !) naisse ailleurs que sur le sol italien.

Petit clin d'œil du destin, cet enfant sera du signe du Cancer !

Après le petit-déjeuner tardif, tout le monde s'active à son poste. Max a accroché les guirlandes lumineuses et les lampions dans les arbres, les tables à tréteaux ont été recouvertes de lin blanc par Bertille qui y installe les bouquets de fleurs cueillis par les enfants. Lucie, Arthur, Louise et Noé se sont enfermés dans mon bureau pour préparer une surprise… que les fenêtres ouvertes se chargent d'éventer ! Ils répètent le petit spectacle qu'ils ont écrit sur leur parcours thérapeutique : *Drôle d'oiseau*. Je sens que je vais en prendre pour mon grade !

Claude, Sixtine et Iseult ont cuisiné toute la journée. Salades et desserts sont posés sur la longue table en bois blond ciré et attendent le début des festivités dans la fraîcheur de la cuisine. Sam et Gabriel, écarlates, surveillent la cuisson du méchoui dans le jardin. Il fait très chaud et nous suivons du coin de l'œil les nuages posés de l'autre côté des Pyrénées. Mes sorcières bien-aimées, Iseult et Bertille adressent au ciel des incantations qui seront entendues. En fin de journée, une petite brise venue de l'Océan repousse vers l'Espagne les indésirables cumulus.

Les premiers invités arrivent. Que la fête commence ! Une à une, les étoiles s'allument dans le ciel, la lueur des bougies se pare d'un halo mystérieux et les notes d'un adagio de Mozart[16] font onduler les ténèbres. La musique, les rires et les chants s'entrelacent au ciel d'été, tandis que les mets et les vins font honneur à notre Licorne, qui sera gourmande jusqu'au bout de la nuit.

L'amusant spectacle de mes quatre compères parés d'habits d'oiseaux bariolés, nous réserve un bon moment de rire, d'humour, d'autodérision. L'émotion m'envahit lorsqu'ils se mettent à chanter et danser le final, accompagnés par le violoncelle de Gabriel :

« Il y a des gens qui ne vous apportent rien.

Ils parlent d'eux, s'accrochent à vos basques pour se nourrir de votre vie.

Et puis il y a ceux qui changent le cours de votre existence.

Ceux qui vous rendent légers et font jaillir un désir de vivre qui vous emporte au-delà de vous-même. Qui vous donnent envie de danser votre vie, de faire des étincelles et d'aller caresser les étoiles.

Merci Dame Loiseau d'avoir été l'une de celles-là. D'avoir tenu nos mains quand nous avions peur, de les avoir réchauffées lorsque nous avions froid, de les avoir caressées quand nous étions tristes. Merci ce soir de les ouvrir pour nous laisser prendre notre envol, rév'ailés par votre bienveillance, portés par ce vent de liberté que vous nous avez offert.

Au revoir Dame Loiseau… »

La dégustation de l'immense pièce montée en forme de maison arrive à point pour nous remettre de tous ces émois. Mais la soirée nous réserve une autre surprise attendrissante lorsque Arthur et Léo, le fils de Sixtine, choisissent de nous lire sous le grand chêne, leur adaptation du beau texte de Pierre-Jakez Helias[17] :

« *Regarde Léo, regarde les arbres comme ils travaillent.*

— *Qu'est-ce qu'ils font, Arthur ?*

— *Ils rattachent la terre au ciel. Et cela, c'est très difficile. Vois-tu, le ciel est si léger qu'il est toujours sur le point de prendre la fuite. S'il n'y avait pas d'arbre, il nous dirait adieu le ciel. Alors, il ne nous resterait plus qu'à mourir. Mais, heureusement, il y a les arbres…*

Regarde ce tronc rugueux, tu vois. C'est comme une grosse corde. Il y a même des nœuds dedans. Mais à chaque bout, les fils de la corde se desserrent et s'élargissent pour s'accrocher au ciel et à la terre. On les appelle des branches en haut et des racines en bas. Mais c'est la même chose. Les racines cherchent leur chemin dans le sol de la même manière que les branches cherchent leur chemin dans le ciel.

— Mais Arthur, c'est plus difficile d'entrer dans le sol que dans le ciel !

— Hé non, Léo. Si c'était vrai, les branches seraient droites. Et vois comme elles sont tordues sur le vieux pommier ! Elles doivent aussi chercher leur chemin. Elles poussent. Elles changent de direction. Elles ont parfois bien plus de mal que les racines.

— Et qu'est-ce qui leur donne tout ce mal ?

— C'est le vent. Le vent voudrait séparer le ciel et la terre. Les arbres tiennent bon. Mais c'est une sacrée bataille.

— Et nous, que devons-nous faire, Papa ?

— Avoir confiance, mon fils. Avoir confiance dans les arbres contre le vent… »

Des larmes de gratitude glissent sur mon visage, je me sens si pleine de confiance malgré les bourrasques de la vie. Mais en surprenant les regards tendrement émus que s'échangent Sixtine et Arthur, je comprends que j'ai raté un épisode de leur histoire devenue romance !

Quand un à un les convives s'esquivent, nous nous dirigeons avec Sixtine vers le parc du château de Morlanne pour laisser nos cœurs s'ajuster au sein de l'obscurité. Nous nous installons dans l'herbe grasse, la tête encore pleine de rires, de chansons, mais aussi des larmes du violoncelle de Gabriel qui a chanté le pays des âmes perdues et retrouvées. Dans cette bulle intemporelle, nous renouons avec la douceur des confidences.

— Chez les Amérindiens, l'amour se dit : *« Tu danses dans mon cœur. »*

Quel bonheur Sixtine, de voir que tu as baissé la garde pour entamer ce pas de deux !

— Cela a été difficile pour moi d'entrer dans la danse. Je tournais en rond avec toute cette existence fatiguée derrière moi, ces peurs et ces larmes cachées sous mon sourire. Quant à Arthur, il fonçait à 200 à l'heure cherchant à détrousser la vie. Lorsqu'il a proposé de m'aider à trouver des donateurs pour notre association *« Le turban rose »*, je l'ai trouvé stressé, gentil, maladroit, attentionné, touchant… Mais j'avais tellement perdu confiance en les hommes, que je ne voulais pas croire en la naissance d'un nouvel amour. C'est Léo qui a été notre petit lutin entremetteur. Il l'a invité de plus en plus souvent à dîner après nos séances de travail, lui demandant une histoire avant de s'endormir.

Un soir, il y a eu un frôlement, un baiser, un désir, un torrent. Puis le retour du doute, de la distance, un fragile espoir, la force de l'abandon… Enfin la réalité du verbe « aimer » au quotidien, à deux, comme à quatre. Tu as entendu Léo ce soir, je crois qu'un fils s'est choisi son père adoptif !

Une lune timide se dandine dans les étoiles tandis que le marbre noir de la nuit se désagrège dans la pâleur du jour naissant. Le soleil hésitant semble se frotter les yeux sur les crêtes mauves, puis bondit à l'horizon, couvrant les montagnes d'une chevelure myosotis étincelante.

Bras dessus, bras dessous, nous regagnons la Licorne gourmande… mais pas nos lits ! Car à peine arrivées, le téléphone sonne. Emilio annonce qu'ils sont arrivés à la clinique car le travail de Lou a commencé. Sixtine nous prépare un café corsé et nous commençons le siège de l'attente sur les divans du Vivoir. Quand nos amis nous rejoignent pour le brunch, la discussion devient grave. Chacun évoque le sens de la vie, sa raison d'être, sa mission… Comme si l'on souhaitait offrir le meilleur à ce petit être à venir, telles de bonnes fées penchées sur son berceau.

— Et si tu nous parlais de ce fameux concept japonais *d'ikigai,* très à la mode en ce moment, et que tu utilises lors de tes séances de coaching ? propose Gabriel. Sachant combien j'aime transmettre mes outils d'épanouissement personnel, il a sans doute trouvé là le meilleur moyen pour tromper l'anxiété de l'attente.

— Ce sera plus facile de vous expliquer en utilisant le schéma qui est sur le paper-board de mon bureau. Tu veux bien aller le chercher, Gabriel ?

Aussitôt dit, aussitôt arrivé dans le Vivoir.

— Vous voyez cette fleur dessinée, elle nous vient de l'archipel d'Okinawa où vivent heureux de super-centenaires. Des chercheurs les ont interrogés pour connaître le secret de leur longue vie harmonieuse. Si l'alimentation, l'activité, la bonne humeur, la gratitude, les liens avec la nature, la méditation font partie des clés de cette longévité, ils découvrent aussi un nouvel ingrédient : *« Suivre son ikigai personnel ! » Ikigai* est un mot japonais sans équivalent en français qui signifie : « trouver sa raison d'être » ; « avoir une passion qui fait que la vie vaut la peine d'être vécue ». Celle qui donne envie de se lever le matin pour faire ce que l'on aime et apporter sa contribution au monde. Des études récentes ont confirmé que l'espérance de vie est proportionnelle à la force de l'*ikigai*.

Plusieurs ouvrages ont été publiés et l'*ikigai* est devenue une méthode. Elle permet de se poser d'utiles questions pour identifier sa raison d'être, trouver le métier dans lequel l'on va s'épanouir, mais aussi sa mission à un niveau plus spirituel. Quatre cercles se recoupent et déterminent ainsi **passion, métier, vocation** et **mission**. Et au cœur de la fleur ainsi dessinée, votre *ikigai !*

Cela demande du temps et de la patience pour trouver son *ikigai*. Celui que j'ai pris au Pays éternel pour répondre à certaines interrogations de Virgile.

Si ce défi vous tente, laissez résonner en vous ces questions et descendez au plus profond de vous-même pour trouver vos réponses :

Qu'est-ce que j'aime ? Qu'est-ce que j'aime faire ? Qu'est-ce qui me rend heureux ? Quelles sont les personnes qui m'inspirent et me permettent d'être moi-même ? Quelles sont les valeurs qui donnent sens à ma vie ?

En quoi suis-je doué ? Quels sont mes talents ? Pour quelles activités, tâches dit-on que je suis bon ? Quelles sont mes qualités, mes points forts, mes compétences ? Quels sont les domaines qui me stimulent et me rendent heureux ?

Pour quoi puis-je être payé ? Quelles sont mes tâches actuelles, les services que j'offre ? Pour quelles tâches me recrute-t-on ? Quels apprentissages ai-je tirés de mes différents emplois ? Suis-je rémunéré à mon juste prix ?

De quoi le monde a-t-il besoin ? De quoi ma famille, mes amis, mes voisins, mes clients, mes collègues, mon pays, le monde ont-ils besoin ? Quel impact ai-je envie d'avoir dans ces autres vies ? À quoi suis-je utile ? Quelle trace est-ce que je veux laisser dans ce monde ? Si je pouvais changer quelque chose dans ce monde, qu'est-ce que ce serait ?

Des petits groupes se constituent, tandis que certains préfèrent un cheminement solitaire dans la sérénité du jardin. Je me laisse flotter des uns aux autres, heureuse de partager cette quête lancée par Gabriel. Mais mes pensées s'envolent vers Venise, vers ce petit enfant en train de venir au monde, à qui j'envoie un *ikigai* rayonnant…

Cinq heures plus tard, mon portable sonne enfin. Le visage fatigué de Lou apparaît sur l'écran. Si ses traits sont tirés, le regard qu'elle pose sur le petit enfant au creux de ses bras est brûlant d'amour.

— Mam, je te présente Raffaele, le bien-nommé[18].

Le petit homme ouvre les yeux, plonge son regard dans le mien, et je murmure : « *Bienvenue sur Terre, mon amour de Raffaele !* »

La plume bleue

Félix…

Mon journal m'a envoyé enquêter sur une inquiétante vague de suicides chez les jeunes autochtones du nord de l'Ontario. Dans cette région du Canada, le taux y est six fois supérieur à la moyenne nationale. Je vais pointer du doigt dans mon article les conditions de vie difficiles de ces populations amérindiennes : insalubrité des abris, surpeuplement, isolement, chômage, et leurs conséquences délétères, alcoolisme, violence, dépression…

En établissant mon itinéraire de retour, je découvre que je passe à une vingtaine de kilomètres de la réserve de Félix. Une telle coïncidence ne se refuse pas et je lui téléphone pour annoncer ma venue.

Il m'attend dans la pénombre. Une pénombre qui ne le dérange pas car il est aveugle. Dans son visage ridé, ses yeux gris détruits par le glaucome semblent pourtant me scanner jusqu'à la moelle.

Je pose sur la table la bouteille de whisky que John m'avait conseillé d'acheter et j'écoute son curieux discours, où se mélangent des mots français, anglais et wendat, la langue des Hurons. Il nous sert à chacun un petit verre, s'empare de la messagère des airs qu'il hume, puis masse longuement. Il l'élève au-dessus de sa tête, puis la rabaisse juste devant sa bouche. Il souffle doucement, la plume s'envole, et revient se poser sur sa main. Il siffle, chante une mélopée étrange, puis se tait un long moment.

— Man, *cette plume est sacrée, c'est un* gift *du Grand Esprit. Tu as beaucoup de chance d'être encore* in life. Ask more ! *Honore tes ancêtres et elle t'apportera* love and happiness. Follow your dreams !

Je me dirige vers ma voiture, un peu déçu par cette rencontre insolite qui ne m'a pourtant pas appris grand-chose.

— Wait ! *J'ai quelque chose pour toi, dit Félix qui m'a rejoint. Il me tend un paquet entouré de papier brun, avec à l'intérieur un coffret en bois.*

Il me murmure à l'oreille l'usage que je dois en faire, puis ajoute :

— *Quelqu'un l'a laissé ici* one day *pour toi.* Believe in Magic, my friend !

Je rentre à Montréal troublé par cet étrange bonhomme et appelle John.

— *Je vois qu'il t'a fait son grand numéro de pauvre Indien alcoolo. Pour ton information, il parle un français parfait car il a fait ses études de médecine à Montpellier. Quand il a perdu la vue, il a choisi de revenir dans la réserve pour soigner les siens, et il y est reconnu comme un puissant chamane.*

Pourquoi t'a-t-il joué ce tour ? Mystère... Sans doute pour brouiller ton mental et mieux accéder à ton inconscient. Surveille tes rêves, la réponse y sera sûrement...

La nuit suivante, Félix est bien venu me rendre visite durant mon sommeil. Il ne m'a pas parlé de la plume bleue, mais de ma vie solitaire. De ma famille disparue dans un accident de voiture vingt ans auparavant. De ma sidération, de cet abîme de chagrin dans lequel j'ai failli sombrer quand la mort m'a volé ma femme et ma petite fille. De ce vide que j'ai ensuite tenté de remplir par le travail. De l'amour « fast-food » dont je me suis contenté pour endormir ma faim de l'Autre. De l'importance de retrouver mes racines et la trace de mes ancêtres pour renouer avec la Vie. « Ton cœur est gelé, mon ami ! Laisse la plume bleue te libérer de tes entraves, laisse-toi t'envoler vers ton accomplissement. *Believe in Magic...* »

Quelques jours plus tard, après bien des recherches sur Internet, pas mal de démarches et de coups de fil, je prends mon billet d'avion, destination la France...

Merlin

> « *La magie est un pont. Un pont qui te permet d'aller du monde visible vers l'invisible. Et d'apprendre les leçons des deux mondes.* »
>
> Paulo Coelho

Les gens du village ont presque raison en disant que Bertille est une sorcière. Elle appartient à cette puissante famille des druides et des chamanes qui protège la magie de la Terre. Plantes, animaux, minéraux n'ont plus de secrets pour elle.

Quand ma lampe d'écriture s'éteint, je l'accompagne souvent sur les chemins creux de cette belle terre de Soubestre. J'apprends à soigner avec les végétaux, les pierres, l'argile, l'énergie divine. Elle m'a transmis les mots des coupeurs de feu pour apaiser les brûlures, pris soin de mon dos mis à mal par les durs travaux physiques auxquels il n'était pas habitué. Lorsqu'elle pose la main sur la douleur, quelle soit de nature physique, émotionnelle, mentale ou spirituelle, quelque chose s'accomplit et la souffrance s'en va. Quelque chose de plus puissant que le Reiki auquel je suis formée, sans doute parce que le mental n'y a plus de place. Pas besoin de signes, de formules compliquées, il suffit de se brancher sur la Source et la Lumière guérissante vient…

Autour d'une tasse de thé ou d'infusion de plantes sauvages, je lui raconte souvent ces sorties cosmiques pour lesquelles j'embarque à contretemps, détricotant le passé, flirtant avec le devenir, dans un ici et un ailleurs se recoupant sans cesse. Rien de tout cela ne l'étonne, car c'est une habituée de ces voyages sur la grande toile de la Vie.

— Lorsque je me réveille, je me sens parfois désemparée par ces périples nocturnes qui m'entraînent bien loin de mon quotidien, ou de ceux que je voudrais aider. Pourquoi Bertille, vais-je dans ces lieux à l'autre bout du monde prendre soin de personnes que je ne connais pas ? Pourquoi aller dans un temps passé ou à venir, alors que je pourrais être utile ici et maintenant ?

— Vous apprenez un peu plus à chaque fois le lâcher-prise, la confiance envers le Grand Tout. Il installe ainsi une forme de protection en vous permettant de garder une distance salutaire. Cela vous évite d'activer votre ego, mais aussi d'entrer dans des émotions trop denses qui vous empêcheraient de mener à bien votre tâche. Tandis que vous étiez travailleuse de lumière en Chine, quelqu'un d'autre œuvrait peut-être pour ceux qui vous sont chers, votre fille, vos amis, vos clients ? Sachez que toutes les formes de vie ne font qu'un et que les frontières de notre corps sont une forme d'illusion. Nous sommes façonnés par mille influences extérieures et notre chemin de guérison rejaillit sur le Tout. Comme nous sommes interconnectés, lors de ces sorties hors du corps, vous réparez vos blessures, comme celles du monde : naissance, mort, guérison, amour, compassion… Vous êtes un fil tendu comme une antenne entre le Ciel et la Terre pour faire entrer dans l'esprit et la matière la tendresse, la douceur, la présence de l'invisible.

Regardez cette très ancienne figuration celte de l'entrelacs sculptée sur ma cheminée. Elle est dénommée « lacs d'amour », car elle représente cette vibration primordiale de l'univers, l'enchevêtrement sans fin des faits cosmiques et humains. Finalement, où sont les limites entre soi et les autres, entre notre vie et le reste du monde ?

Mon expédition nocturne suivante me montrera que ces limites n'existent pas non plus entre nous et la majesté du monde animal…

Troisième voyage astral…

Elsa bouge dans son hamac, s'étire, baille, ouvre les yeux. Quel bruit l'a donc réveillée au cœur de cette nuit noire ? Elle baille plus fort pour déboucher ses oreilles qui ne captent aucun bruit, juste un silence étouffant et inhabituel. Au Sri Lanka, les nuits sont vibrantes des cris venus de la jungle où les animaux chassent, se courtisent, se battent, s'appellent. Elsa court vers la chambre de ses parents. Ils dorment paisiblement enlacés sous la moustiquaire, bercés par le ronronnement poussif du vieux ventilateur qui poursuit sa valse lente au plafond. Elsa hésite à se glisser contre le dos de sa mère car elle a un peu peur de ce grand silence moite. Mais elle sait que son père se mettra en colère s'il la trouve dans leur lit au petit matin et lui dira comme à l'accoutumée :

— Tu as 8 ans, Elsa ! Tu es trop grande pour avoir peur !

Mais Elsa sait que même si les peurs s'éloignent, elles reviennent parfois face à l'inconnu ou l'inattendu. Elle repense alors à son cadeau de Noël reçu la veille, César, un adorable chiot qui dort dans la cuisine. Ses pieds nus glissent sur le sol en teck et ses mains plongent dans la fourrure tiède de César qui s'étire en grognant. Un bruit de branches brisées attire Elsa vers la véranda. Que vient faire l'éléphante Kunti dans son jardin ? Elle appartient au planteur de l'exploitation voisine et ne quitte guère son *mahout*[19]. Elsa s'approche du pachyderme, lui caresse le flanc rendu rugueux par les travaux forestiers. Kunti barrit doucement, l'attrape avec sa trompe et l'installe sur son dos puissant.

— Pose-moi, Kunti. Ce n'est pas l'heure de la balade. Ton *mahout* va être furieux que tu te sois sauvée, il va te punir. Je te ramène à la plantation avant qu'il ne découvre ta disparition.

Mais l'animal refuse d'obéir aux indications données par Elsa et avance à grandes foulées puissantes vers la colline qui domine la mer à plus d'un kilomètre de là. Elsa, intriguée, voit d'autres animaux se diriger à pas pressés vers les hauteurs. Dans un mystérieux traité de non-agression, sangliers, léopards, buffles, lièvres, singes, regagnent cette arche de Noé en pierre émergeant de la jungle[20]. Dans les arbres règne un silence de mort, les oiseaux semblent avoir tous filé à l'anglaise. Le soleil est maintenant levé. Ses parents doivent être inquiets, il faut rentrer au plus vite les rassurer ! Mais à chaque fois qu'Elsa tente de glisser du dos de Kunti, celle-ci la rattrape de sa trompe agile, laissant échapper un barrissement furieux. L'enfant a très peur maintenant. Elle serre contre elle le petit corps dodu de César qui geint doucement, contaminé par l'émotion de sa maîtresse. Kunti a rejoint une harde d'éléphants dans une clairière qui domine la réserve de Yala.

Je comprends que je suis remontée dans le passé. Que nous sommes le 26 décembre 2004 et que le tsunami qui va faire plus de trente-cinq mille morts, cinq mille disparus et deux cent trente mille victimes va bientôt s'abattre sur le Sri Lanka. J'envoie au cerveau apeuré d'Elsa l'ordre de rester en sécurité sur le dos de Kunti et redescends jusqu'au bungalow au bord de la mer où ses parents la cherchent partout. Il me reste à peine une demi-heure pour assurer leur survie ! Je me concentre pour leur envoyer mentalement le film du départ d'Elsa et de Kunti. Aucun succès avec le père, trop furieux pour recevoir les images, mais sa mère est plus réceptive. Elle se met à suivre la piste de Kunti dans la réserve. Plus que quinze minutes avant que la vague gigantesque n'arrive !

Le silence inhabituel, l'absence des animaux les alertent, et ils se mettent à courir vers le sommet, guidés par les barrissements de Kunti. Les vagues géantes et meurtrières arrivent alors, dévastant tout sur leur passage…

Le sixième sens de Kunti, son mode de communication infrasonore vient de sauver la vie de trois personnes ! Merveilleux animaux que les hommes détruisent, enferment, torturent, et qui font preuve d'une sagesse dont nous aurions tant besoin…

Je regagne la Licorne gourmande, bouleversée par ce que je viens de vivre, habitée par cette question : « *Que puis-je faire pour participer à la préservation de ce monde vivant ?* »

« *Message reçu !* » semble répondre une grosse étoile rose qui se met à clignoter sur les broderies argent du ciel…

Clara

Je suis soucieuse car cela fait plusieurs jours que je n'ai pas vu Bertille. Je suis allée en vain frapper à sa porte. Pourtant je sais qu'elle est là. J'ai entendu un étrange chant funèbre émerger la nuit dernière par sa fenêtre ouverte.

Ce matin, je décide de franchir la haie qui sépare nos jardins et d'entrer par sa porte arrière qui n'est jamais verrouillée. Je la trouve assise, pâle et silencieuse, à sa table de cuisine.

— Excusez mon intrusion Bertille, mais j'étais trop inquiète ! Que se passe-t-il ? Je vous préviens, je ne partirai d'ici que quand vous m'aurez répondu !

Je m'installe, déterminée, face à elle et j'attends. Longtemps. Très longtemps…

Bertille finit par soupirer et me dire :

— Suivez-moi, mon petit…

Nous montons l'escalier vers le premier étage où je ne suis encore jamais allée. Elle me fait entrer dans une pièce où règne la pénombre. Sur une chaise, je devine un petit tas de plumes.

— C'est Merlin, mon ami l'Oiseau bleu. Mon grand-père me l'avait offert quand j'étais enfant. Il était le dernier survivant d'une espèce disparue depuis longtemps, un oiseau sacré, proche du Phénix, qui apporte guérison et renaissance. Cette fois-ci, il était trop vieux, il n'a pas voulu renaître de ses cendres. Pour que la magie de Vie continue, je dois faire un éventail de ses plumes. Mais je n'y arrive pas, j'ai trop de chagrin. Voulez-vous m'aider Céleste ?

— Bien sûr, Bertille, dites-moi ce que je dois faire.

— Revenez au soleil couchant, vêtue d'une robe blanche. Contentez-vous de boire aujourd'hui des infusions de plantes pour laisser votre organisme se purifier, méditez dans la nature pour que votre mental s'allège. Et ensemble nous libérerons l'esprit de Merlin et préparerons son don de Vie.

Lorsque je suis de retour à la nuit tombée, la pièce où Bertille a fait brûler de l'encens et des herbes odorantes est prête pour la cérémonie. Au centre de la salle maintenant vide, le petit corps de Merlin repose dans un linge blanc, ses précieuses plumes rassemblées à ses côtés.

— Laissez l'esprit de Merlin venir à vous, en vous. Visualisez que vous devenez cet oiseau magique, laissez-le se fondre, prendre vie à l'intérieur de votre être. Le battement du tambour va vous aider à vous aligner sur ses forces archétypales et spirituelles. Fermez les yeux, Céleste, et prenez quelques respirations profondes… Concentrez-vous sur chaque partie de votre corps, en commençant par vos pieds et remontez jusqu'au sommet de votre crâne. Imaginez que vous êtes cet animal… vos chevilles s'allongent… votre bouche devient bec… votre corps se couvre de plumes… vos bras deviennent ailés… vos sens s'aiguisent, vos sensations s'amplifient… vous pouvez entendre et voir des mondes insoupçonnés… lorsque que vous volez, ressentez comme vous êtes à la fois légère, puissante, merveilleusement vivante…

Maintenant, imitez mes mouvements, et laissez-vous emporter dans cette danse sacrée de l'Oiseau en chevauchant le son du tambour.

La voix obsédante du tambour de Bertille s'élève dans l'obscurité parfumée, battement du cœur de la Terre mère, lent, régulier, hypnotique. Nos pieds nus glissent sur le parquet ciré, formant un large cercle dans le sens des aiguilles d'une montre. Nous tournons ainsi trois fois, puis avançons en spirale vers le centre où repose Merlin afin de l'honorer. Bertille rend hommage à sa vie bénéfique, le remercie pour ses dons de renaissance et d'Amour.

Puis la spirale s'inverse, nous tournons vers l'extérieur tandis qu'une force mystérieuse se pose sur nos épaules, nous pénètre... nous refermons trois fois le cercle sacré, tout en ressentant cette énergie se déployer et nous aider dans notre vie à venir.

Tandis que le petit corps de Merlin se consume sur un lit de feuilles de laurier et de sauge dans un bol en cuivre, nous assemblons ses plumes en un bel éventail aux couleurs chatoyantes. Après avoir confié les cendres de Merlin au vent du jardin, le visage ruisselant de larmes, la voix cassée par le chagrin, Bertille me tend l'éventail.

— Prenez-le, mon petit, et faites-en bon usage ! Ces plumes peuvent garder en vie celui ou celle que vous choisirez. Mais vous ne pourrez utiliser ce pouvoir d'influer la matière qu'une seule fois. Il vous faudra ensuite transmettre ce don à un autre voyageur de l'Invisible.

Bouleversée par cet étrange cadeau, je lui cherche une place de choix et décide de l'installer sur le manteau de la cheminée. En l'accrochant, une plume se détache et tombe sur les tomettes cirées. Je sens un courant d'air froid, comme une présence invisible à mes côtés. Je frissonne, non de peur mais d'émotion, attentive à comprendre les signes. Sans plus réfléchir, ma main ramasse la plume et la glisse dans la poche de mon pantalon.

Voyage de la plume bleue

La nuit suivante, j'embarque pour des contrées gelées… Un homme marche dans le blizzard. Épuisé, il titube, tombe et se relève. Je sais que je dois l'aider à avancer vers un refuge. Je l'entoure d'une bulle de lumière et le guide vers son ancien campement. Il tombe sur le dos, évanoui, près de son traîneau. La lune éclaire son visage, et je pousse un cri. C'est l'homme au chapeau noir du tableau de Mona !

Fébrilement, mes mains cherchent son identité dans un petit sac en cuir glissé à même sa peau. Je lis, incrédule, son nom sur la carte de presse plastifiée, et sa date de naissance : 7 septembre 1965 à Montréal – Canada.

Deux étoiles malicieuses se mettent à scintiller au-dessus de moi. Les branches couvertes de givre s'agitent dans le vent, tandis que les rires de Virgile et de Mona s'envolent dans le ciel d'Alaska.

Je recouvre l'homme d'une couverture, pose mes mains bienfaisantes sur lui et le veille jusqu'aux premières lueurs de l'aube. Quand il me faut repartir, je pose à ses côtés la plume bleue de Merlin…

Believe in Magic

L'homme a roulé toute la nuit guidé par le GPS de sa voiture de location, protégé par les étoiles qui balisent son chemin sur la toile mystérieuse du ciel. Après Langon, il quitte l'autoroute pour s'enfoncer dans les terres et un vent noir glisse entre les arbres de la forêt des Landes semblant gonfler une voile invisible qui le ramène au port. Puis les pins s'effacent pour laisser place à une campagne moutonnante. Aux premières lumières de l'aube, la dentelle violette des Pyrénées émerge de la brume. Il traverse la jolie bastide d'Arzacq où un café installe sa terrasse. Il s'y arrête pour prendre un petit-déjeuner, se dégourdir les jambes, mais surtout savourer l'attente de la découverte.

« Plus qu'une dizaine de kilomètres », lui indique le patron de l'auberge, distance que franchit joyeusement sa voiture. Il ne sent pas la fatigue du voyage mais une énergie joyeuse, aimanté par ce village du Sud-Ouest, tel un papillon noctambule par la lumière. Mais pas question de se brûler les ailes, au contraire, les laisser se déployer grâce à une petite plume qui a traversé l'espace et le temps. Comme une parole d'eau pure, un murmure disant qu'il est encore temps de vivre la vie de ses rêves. Il se gare sur le parking près de la mairie,

prend son sac de voyage, et se dirige vers la Licorne gourmande. Suivons-le…

De grands arbres forment un écran protecteur autour de la maison, et je devine juste un toit aux tuiles moussues. Je pousse le portillon, entre dans une cour fleurie qui offre un écrin aux vieux murs. Sur un banc de pierre, un chat aux étonnants yeux mordorés m'observe. J'ai l'impression qu'il me sourit lorsqu'il se lève pour venir se frotter à mes jambes, me souhaitant la bienvenue d'un ronronnement hypnotique. Est-ce cette douce musique féline, mais je me sens étonnamment bien dans ce jardin. Ma respiration est devenue ample et un cocon apaisant se tisse autour de mon corps. Mes yeux s'attardent sur la beauté sereine du lieu : les volets bleus, les pimpants rideaux d'organdi brodé, les massifs d'hortensias, d'agapanthes et de roses, le bassin aux nénuphars, les hamacs accrochés aux arbres qui invitent à la sieste, le bercement d'une balançoire, un rire d'enfant heureux, le chant polyphonique des oiseaux, l'odeur d'un gâteau au chocolat qui s'échappe d'une fenêtre ouverte…

Je m'approche du seuil de la maison et caresse le dessin d'une licorne gravé dans la pierre. Une sculpture qui a traversé les siècles, celui des armes de ma famille. Je sonne la cloche et pousse la porte entrouverte.

Une belle femme souriante m'accueille, rayonnante d'une lumière qui ne met personne dans l'ombre. Une lumière qui réconforte avec légèreté et profondeur. Au-delà d'une apparence éphémère, sa beauté émerge de ses yeux étincelants, du sourire venu des profondeurs de son âme, que mon cœur devenu tambour semble reconnaître.

— Bonjour ! Mon entreprise vous a réservé une chambre pour une semaine au nom de Virgil Montaigut. Je suis journaliste et viens enquêter sur la réintroduction de l'ours brun dans le parc national des Pyrénées. J'avoue qu'il s'agit d'une enquête prétexte pour satisfaire une soif personnelle. J'arrive du Québec pour découvrir le berceau de mes ancêtres que vous avez transformé en charmante maison d'hôtes. Merci de m'y accueillir pour me permettre de renouer avec mes racines.

— Bonjour Virgil, je suis Céleste. Je vous attendais… Avant que je vous montre votre chambre, voulez-vous partager une tasse de thé dans mon petit coin de Paradis ?

Nous nous installons dans une pièce chaleureuse où un immense tableau foisonnant de deux mètres sur trois attire mon regard qui s'attarde sur deux oursons joueurs, une source jaillissante et un éblouissant soleil.

En dégustant le savoureux gâteau au chocolat, les mots viennent, naturellement. Libérés peut-être par la fatigue de voyage, le décalage horaire, la magie du lieu, ou l'énergie apaisante de cette femme.

— Je suis plutôt un taiseux, un habitué du grand silence, mais je ne sais pourquoi j'ai envie de vous en

dire un peu plus sur mon épopée familiale. Mon aïeul, Virgile Montégut a vécu ici à la fin du XIXe *siècle. Il est tristement célèbre pour avoir disparu en héros dans l'incendie parisien du* Bazar de la Charité. *Mon grand-père Louis a été confié à sa famille maternelle, mais il ne s'est jamais vraiment remis de la double perte de ses parents. Il a cherché à oublier en émigrant aux États-Unis, où il a créé une entreprise florissante, ainsi qu'une famille. Mon père, qui a refusé de prendre sa succession, est allé s'installer comme avocat à Montréal.*

Il y a une vingtaine d'années, un camion fou l'a tué, ainsi que ma femme et ma fille, alors qu'ils venaient me rejoindre pour le week-end. J'ai continué ce scénario de fuite en mettant ma douleur et ma rage au service de la préservation du Vivant. Une terrible tempête en Alaska a failli clore mon histoire, mais je suis miraculeusement revenu à la vie, peut-être grâce à la magie d'une plume bleue…

Le regard de Céleste s'échappe. Il vient se poser sur la cheminée derrière moi. Je me retourne et ma voix s'éteint en y apercevant un éventail en plumes bleues. Comme dans le sourire édenté d'un enfant qui espère le passage de la petite souris, il y manque la plume centrale. Sans doute celle que je sens palpiter dans la poche de ma veste. Je ne comprends pas ce qui est en train de se passer…

Mais me souvenant des paroles de Félix, j'ouvre mon sac et tends à cette femme lumineuse la petite boîte en bois qu'il m'a remise.

— Ceci est pour vous. Un cadeau qu'un chamane amérindien m'a demandé d'offrir à la propriétaire de cette demeure.

— Je crois que vous n'êtes pas au bout de vos surprises, Virgil. J'espère que vous croyez *en la magie de la Vie, car j'ai une sacrée histoire à vous raconter !*

Sur ces mots, elle prend une clé dorée accrochée à son cou, la glisse dans la serrure du coffret qui s'ouvre. À l'intérieur, une simple feuille de papier sur laquelle il est écrit :

« Nous devions nous aimer, c'était écrit là-haut. Les âmes sœurs finissent par se trouver quand elles savent s'attendre[21]… »

REMERCIEMENTS

La rencontre avec l'écriture est une expérience pleine de mystère car elle est tout à la fois :

– **Un face-à-face intime** où les bulles de mon histoire remontent à la surface : cancer, NDE, voyage vers cet ailleurs resplendissant de lumière… avant d'accepter de les laisser s'envoler pour éclairer d'autres chemins.

– **Une ouverture du cœur et des sens** pour accueillir ces personnages qui avancent, invisibles, mais pourtant doués de pensées, d'émotions, de rêves. Ceux qui chuchotent à mon oreille, parfois se taisent, suspendus dans le vide de mon clavier. Puis leurs mots reviennent, se bousculent, me jettent hors du lit au cœur de la nuit pour répondre à l'appel de leur âme, et faire de mon petit coin de Terre le plus bel endroit du Ciel.

– **Un lâcher-prise** pour **permettre à l'imagination de se déployer**, d'aller à la rencontre des informations disponibles dans cet immense Cloud de l'inconscient collectif avec lequel j'ai eu si souvent l'impression de me brancher au cours de ces mois d'écriture. Tous ces clins d'œil inattendus, ces coïncidences avec des faits réels ne peuvent être considérées comme des hasards : « *Le réel est la superposition de tous les possibles imaginaires* », ai-je lu un jour dans un livre sur la physique quantique, cette science qui bouleverse nos croyances sur l'espace, le temps et notre vision de l'univers...

Le dernier mot posé sur la feuille, vient **le temps de la gratitude** envers ces bonnes fées qui m'ont accompagnée dans ce voyage au pays des mots.

Merci à ma *tribu du cœur* pour son soutien et sa patience au cours de ces mois d'écriture où j'ai vécu entre deux mondes. Merci Marc, d'avoir sereinement accepté ces escapades intérieures et les plats trop souvent brûlés. Merci Julien, Émilie, Alexandre pour ces « temps oasis » partagés.

Merci *Beaulieu* d'être ce lieu enchanté qui ressemble aux Licornes du livre, qu'elles soient bleue ou gourmande.

Merci *Plumette,* petite chatte abandonnée qui nous a adoptés un jour d'été, et s'est installée près de mon ordinateur pour prendre la voix de Ramsès 3.

Merci *Joëlle* pour m'avoir fait découvrir le village de Morlanne et inspiré le personnage de Claude.

Merci *Élisabeth*, mon amie inoxydable, d'avoir partagé à cœur ouvert ta rencontre avec le Crabe rose, et d'en avoir fait une renaissance.

Merci au *personnel médical et hospitalier* qui, inlassablement, transforme cette épreuve en miracle de Vie pour des milliers de personnes.

Merci à toute l'équipe *Jouvence* d'avoir bichonné mon manuscrit et assuré avec enthousiasme sa promotion. Merci Jacques Maire pour votre confiance.

Merci Charlène Guinoiseau-Ferré, ma talentueuse et fidèle éditrice, pour cette nouvelle aventure au fil des mots.

Merci aux *libraires* et aux *médiathèques* qui ont aimé *Graines de bonheur et Baraka,* et attendu avec impatience la naissance du petit troisième.

Merci en particulier à l'équipe de la librairie *Lacoste,* qui m'accompagne lors de mes conférences dans le Sud-Ouest, et à Véronique, ma première lectrice.

Merci à vous, *cher lecteur*, d'avoir été une nouvelle fois au rendez-vous.

Mes mots n'existent que parce que vous le permettez. Souvenez-vous que ceux qui ne croient pas en la Magie ne la verront jamais…

Croyez en la magie de la Vie, et regardez-la rayonner sur votre chemin !

FRANÇOISE

Site Internet de Françoise Dorn :
www.francoise-dorn.com

BIBLIOTHÉRAPIE

> « *Chaque livre, chaque volume que tu vois a une âme. L'âme de celui qui l'a écrit et l'âme de ceux qui l'ont lu, ont vécu et rêvé avec lui.* »
>
> Carlos Ruiz Zafon

Dr Alexander Eben, *La preuve du Paradis*, J'ai Lu, 2015.

Dr Charbonier Jean-Jacques, *Les 7 bonnes raisons de croire à l'au-delà*, J'ai Lu, 2014.

Corneau Guy, *Revivre !*, J'ai Lu, 2013.

Darré Patricia, *Un souffle vers l'éternité*, J'ai Lu, 2013.

Darré Patricia, *L'invisible et la science*, J'ai Lu, 2017.

Dethiollaz Sylvie, Fourrier Claude Charles, *Voyage aux confins de la conscience*, Guy Trédaniel, 2017.

Couzon Élisabeth, Dorn Françoise, *La magie des émotions*, ESF éditeur, 2012.

Couzon Élisabeth, Dorn Françoise, *Soyez un stressé heureux*, ESF éditeur, 2012.

Dorn Françoise, *Le temps de la douceur*, Jouvence Éditions, 2017.

Dorn Françoise, *Mandalas Bien-être Douceur et Bienveillance*, Jouvence Éditions, 2017.

Dorn Françoise, *Baraka*, L'Optimiste, 2015.

Dorn Françoise, *Graines de bonheur*, L'Optimiste, 2014.

Hurtado-Graciet Maria-Elisa et Dr Bodin Luc, *Ho'oponopono*, Jouvence Éditions, 2011.
Labonté Marie Lise, *Les familles d'âmes,* J'ai Lu, 2013.
Lang Estelle, *À armes égales*, Jouvence Éditions, 2017.
Laszlo Ervin, Peake Anthony, *Nous sommes donc immortels*, Guy Trédaniel, 2017.
Dr Moody Raymond, *La vie après la vie : Ils sont revenus de l'au-delà*, J'ai Lu, 2017.
Ragueneau Philippe, *L'autre côté de la vie*, Pocket, 2001.
Riou Arnaud, *Réveillez le chaman qui est en vous*, J'ai lu, 2017.
Servan-Schreiber David, *Guérir,* Pocket, 2011.
Servan-Schreiber David, *Anticancer,* Pocket, 2011.
Vanbremeersche Christie, *Trouver son Ikigaï*, First, 2018.
Van Eersel Patrice, *La Source noire*, Le Livre de Poche, 1987.
Inexploré, magazine trimestriel de l'INREES, pour mettre de l'extraordinaire dans votre vie…

NOTES

1. Technique de Programmation Neuro-Linguistique.
2. EFT : « *Emotional Freedom Techniques* ». Technique énergétique qui permet de libérer les émotions en tapotant les points d'entrée des méridiens d'acupuncture, en répétant une phrase positive en lien avec le problème traité.
3. Clara utilise le Reiki pour soigner les animaux. Ramsès, fin lettré comme vous allez le constater, écorche certains mots pour faire râler Clara, au cas où elle l'entendrait...
4. Victor Hugo.
5. Guy Corneau, *Revivre !*, J'ai Lu, 2013.
6. Qui signifie « rendre droit, rectifier, corriger ».
7. Clara-Céleste vit une EMI ou NDE (Expérience de mort imminente en français, *Near Death Experience* en anglais).
8. Ragoût d'agneau considéré comme le plat national irlandais.
9. Nandhi Tapasyogi.
10. Pour en savoir plus sur la Licorne bleue, sur Iseult et Max, vous pouvez lire les romans *Graines de bonheur* et *Baraka*...

11. *Possibilità*, en italien veut dire « hasard » et « possibilité ».
12. « Si la forme disparaît, sa racine est éternelle. »
13. Les faits relatés dans ce premier voyage sont exacts. Le ministère de la Santé chinois a indiqué en 2013 que cette politique de l'enfant unique serait responsable de 336 millions d'avortements pratiqués en Chine depuis le début des années 1970, assortis de 196 millions de stérilisations. Le nombre d'infanticide de petites filles à la naissance reste inconnu. Catherine David écrit en 1983 dans le *Nouvel Observateur* : *« On ne compte plus, dans les puits et les rivières, les cadavres de petites filles enfermés dans des sacs de toile lestés d'une pierre. »*
14. « Sorcière » en gascon.
15. Établissement d'hébergement pour personnes âgées dépendantes.
16. *Concerto pour clarinette en la majeur* k 622 de Mozart.
17. Pierre-Jakez Helias, *Le Cheval d'orgueil*, Pocket, 1999.
18. Prénom d'origine hébraïque. *Repha'el* veut dire « Dieu guérit ». Raphaël, Raffaele en italien, est l'archange, messager de Dieu, patron des guérisseurs, des médecins et des voyageurs...
19. *Mahout* : Cornac.
20. Lors du tsunami de 2004, on n'a déploré la mort d'aucun animal sauvage. Le directeur adjoint des

services de la protection de la nature au Sri Lanka a alors déclaré : « *Aucun éléphant n'est mort, ni même le moindre lièvre. Je pense que les animaux peuvent sentir venir les catastrophes. Ils ont un sixième sens. Ils savent que quelque chose va arriver.* »

21. Théophile Gautier.

TABLE DES MATIÈRES

Acte I : LE CRABE ROSE **9**

Quelque part en Alaska… 11
Unité 12
Dualité 24
Trinité 29
Quartet 36
Cinque Terre 45
Sixtine 55
La plume bleue 71
Sept septembre 73

Acte II : LE PAYS ÉTERNEL **81**

La première rencontre 82
La deuxième question 88
Les âmes sœurs 94
Le bateau fantôme 98
Des nouvelles de la Terre 104
La mission 108
Le choix 111

Acte III : LA LICORNE GOURMANDE **117**

Retour à la vie… 118
Le pays de la Seconde Chance 122

Décembre à Venise 134
La plume bleue 149
Fantômes à vendre 152
Premier voyage astral… 162
Mai, Terre de Soubestre 166
Second voyage astral… 175
Le chemin de l'Oiseau 178
La plume bleue 189
Merlin 192
Troisième voyage astral… 195
Voyage de la plume bleue 202
Believe in Magic 203

Remerciements 209
Bibliothérapie 213
Notes 215

Celle qui écrivait des poèmes au sommet des montagnes,
Nicolas Fougerousse

« ÉCOUTE TES ÉMOTIONS. » C'est le message que découvre Marcus sur son pare-brise en partant au travail, désabusé, avant une journée comme les autres. Qui a bien pu lui écrire et lui déposer un tel billet ? Forcément une personne qui connaît ou a étudié ses habitudes. Sa femme, Isabelle ? Son chef ?
Un inconnu ? Cet homme mystérieux croisé a priori au hasard ?
Une chose est sûre, à partir de cet instant, la vie de Marcus va basculer.
Au-delà de l'imaginable…
Entre quête de sens, révélations et profond humanisme, cette odyssée de l'amour inconditionnel porte en elle toute la complexité de la nature humaine.

256 p. – 14,90 €

Le jour où j'ai ouvert les yeux, Anand Dilvar

Coupé de tous suite à un accident qui l'a laissé paralysé, le personnage central de ce livre entame une conversation intérieure avec son guide spirituel. Lentement, il fera le choix de la vie et de l'éveil après des années d'illusions.
Ce roman s'apparente à un voyage immobile vers la réalisation de soi et vers un nouvel état de conscience. Il nous invite à profiter davantage de notre entourage, à prendre nos responsabilités dans ce qui nous arrive et à vivre pleinement l'instant présent !

128 p. – 12,90 €

Sept jours pour vivre, Valérie Capelle

Que feriez-vous si vous appreniez qu'il ne vous reste que quelques jours à vivre, et si une inconnue vous invitait dans sa maison de campagne pour vous apprendre à respirer ? Antoine, lui, ne réfléchit pas longtemps. Après avoir prévenu son associé, il quitte tout pour rejoindre Andernos, avec ses peurs et son avenir en suspens.

Rythmé par l'improvisation quotidienne et porté par le regard écarquillé d'un petit garçon devant un champ de coquelicots, c'est à vous, finalement, que ce livre posera la plus grande question… Et si vous n'attendiez pas l'irréversible pour commencer à vivre ?

320 p. – 14,90 €

Cliquez bien-être !
www.editions-jouvence.com
Des auteurs
Experts
naturopathie
nouvelle parentalité
500 ouvrages de référence
CNV
psychologie positive
ho'oponopono
Des coups de cœur
à lire absolument
Plus de 75 nouveautés
chaque année
Des livres à prix doux
Feuilletez le catalogue en ligne !
⇨ Des newsletters
⇨ Des bons plans
⇨ Des surprises pour vous
info@editions-jouvence.com

Illustrations Adobe Stock :
Couverture © Elena Schweitzer, © bnorbert3, © eko 07
pp. 8, 17, 20, 26, 33, 41, 53, 60, 64, 71, 115, 119, 158,
161, 162, 167, 171, 173, 174, 191, 194 © eko 07 ;
pp. 67, 145, 185, 198 © zoloton ;
p. 79 © mohcine ;
pp. 73, 69, 12 © alexeyblogoodf ;
pp. 58, 62 © patpat ;
pp. 9, 16, 25, 32, 39, 51, 73, 114, 118, 165
© iryna_khomenko.

Dépôt légal : juin 2018
Achevé d'imprimer en mai 2018
Imprimé au Danemark